BAMBUS

Christine Recht
Max F. Wetterwald

BAMBUS

Unter Mitarbeit
von Werner Simon

68 Farbfotos
7 Schwarzweißfotos
25 Zeichnungen

VERLAG
EUGEN
ULMER

Abbildung Seite 2:
»Gras, Bambus, Orchidee und Fels«, chinesische Tuschzeichnung von Lu Kunfeng 1980

CIP-Titelaufnahme der Deutschen Bibliothek

Recht, Christine:
Bambus/Christine Recht;
Max F. Wetterwald. –
Stuttgart: Ulmer, 1988
ISBN 3-8001-6343-8
NE: Wetterwald, Max F.:

© 1988 Eugen Ulmer GmbH & Co.
Wollgrasweg 41, 7000 Stuttgart 70 (Hohenheim)
Printed in Germany
Einbandgestaltung: A. Krugmann, Freiberg/Neckar
Satz: Setzerei Lihs, Ludwigsburg
Druck: Karl Grammlich, Pliezhausen
Bindung: Ernst Riethmüller, Stuttgart

Vorwort

Bambus ist eine faszinierende Pflanze – faszinierend durch ihre Schönheit und Eleganz, durch ihre vielfältige Form, durch ihre ungewöhnlichen Eigenschaften. Bambus ist hart und zart zugleich, seine Halme sind gerade und doch biegsam, seine Blätter zierlich, und grün das ganze Jahr hindurch. Kein Wunder also, daß diese anmutige Pflanze auch in Europa immer mehr Freunde findet – wie das in Amerika schon seit Jahren der Fall ist.

Die Heimat der meisten Bambus-Arten ist Asien. Dort gehört der Bambus zum täglichen Leben der Menschen. Gebrauchsgegenstände aller Art werden aus ihm gefertigt, seine Sprosse werden gegessen, Haine aus Bambus gehören zum natürlichen Landschaftsbild. Bambus prägte auch Kunst und Kultur vieler asiatischer Völker. In China wird er sogar als die Verkörperung chinesischer Lebensart angesehen: Nachgiebig und doch immer siegreich.

In Europa ist Bambus vorwiegend Zierpflanze, ein Exot, der sich dennoch unserem Klima und unseren landschaftlichen Bedingungen anpassen kann. Viele Arten sind winterhart, schmücken mit ihrem zarten Laub schneebedeckte Gärten. Bambus kann so vielseitig verwendet werden, wie kaum eine andere Pflanze: Er paßt in kleine und große Gärten, kann als Hain, als Hecke, aber auch als Einzelpflanze eine Rolle spielen. Er eignet sich ebenso als Kulisse wie als Hauptdarsteller im Garten. Und er paßt auf Terrassen, auf Balkone, in Wintergärten und sogar aufs Dach.

Mehr und mehr Baumschulen und Staudengärtnereien bieten Bambuspflanzen in Containern an, es gibt inzwischen Betriebe, die sich auf die Anzucht und Vermehrung von Bambus spezialisiert haben und bis zu hundert verschiedener Bambus-Arten anbieten. So schön Bambus ist – man wußte bisher nicht so recht mit dieser exotischen Pflanze umzugehen. Die Faszination des Bambus verleitete Gartenfreunde dazu, Pflanzen zu kaufen. Die Unkenntnis der Wachstumsbedingungen und Pflegeansprüche brachte Enttäuschung und Resignation.

Dieses Buch soll deshalb allen Bambusfreunden und denen, die es gerne würden, helfen. Es soll Wege weisen, wie man mit der zauberhaften Pflanze umzugehen hat, aufzeigen, an welchen Standorten bestimmte Bambus-Arten gut gedeihen und gut aussehen. Es soll Verständnis wecken für diese schöne Pflanze, denn wenn ein Gartenfreund einmal verstanden hat, worin ihre besonderen Ansprüche liegen, wird er auch mit ihr umgehen wissen.

Es geht einem, der über Bambus schreibt, nicht anders als den Bambusmalern im alten China, die von sich sagten: »Wenn man einen Bambus malen möchte, muß man zum Bambus werden.« Um in Deutschland ein Buch über Bambus zu schreiben, tut man sich zunächst schwer, zu den eigenen Erfahrungen die fundierten Informationen zu sammeln, die nötig sind, weil es nur sehr wenige Kenner gibt. Wissen aus der wirklich guten und kompetenten englischsprachigen Literatur zusammenzutragen, erschien nicht angebracht, denn auf dem europäischen Festland herrschen andere klimatische und landschaftliche Verhältnisse.

Ich möchte deshalb all denen danken, die mir mit ihrer Kenntnis, ihrer Erfahrung und ihrer Leidenschaft für den Bambus bei diesem Buch geholfen haben: Werner Simon, Marktheidenfeld, der als Mit-Autor die in Deutschland kultivierbaren Bambus-Arten zusammengestellt und beschrieben hat; Albrecht Weiß aus Seeheim-Jugenheim, der mir sein großes Wissen über Bambus und seine langjährige Erfahrung zur Verfügung stellte und mich zudem mit seiner Bambus-Begeisterung angesteckt hat, ebenso Ulrich Willumeit, Darmstadt. Gedankt sei auch Dr. Warda vom Neuen Botanischen Garten in Hamburg, wo Max Wetterwald Bambus in Hülle und Fülle fotografieren konnte. Und Dank auch an Wolfgang Eberts, Baden-Baden, der immer wieder Wege wies, wo noch etwas zu erfahren, wo noch ein schöner Bambusgarten zu fotografieren sei.

Frühjahr 1988   Christine Recht

Inhalt

Bambus – Ausdruck asiatischer Kultur

»Der Bambus ist mein Bruder«, sagt ein Sprichwort in Vietnam. Es drückt genau das Verhältnis fast jedes asiatischen Menschen, auch des modernen, zu dieser Pflanze aus. Von China bis Indien, von den feuchtheißen Urwäldern bis zu den kühlen Vorgebirgen, ist Bambus ein so selbstverständlicher Begleiter des Menschen in allen Lebenslagen, daß ohne diese Pflanze auch in der heutigen Zeit das Leben kaum vorstellbar ist. »Man kann machen, daß man kein Fleisch ißt, aber man kann es nicht dahin bringen, daß man keinen Bambus hat«, sagt Su Dongpo (1036–1101, Übers. F. Lessing), der als größter Dichter und Maler der Song-Dynastie gilt. Das geht noch weiter. Im alten China identifizierten sich die Menschen mit dem Bambus, der als das Symbol der chinesischen Wesensart überhaupt galt. Bambus steht für Elastizität, Ausdauer und Hartnäckigkeit. Der Stamm biegt sich im Wind, aber er bricht nicht. Die Blätter werden vom Wind bewegt, aber sie fallen nicht. Bambus gibt nach und bleibt gerade deshalb Überlebender, ja Sieger.

In Japan nennt man diese Eigenschaft noch heute »Bambus-Mentalität«: Kompromisse schließen, nachgeben und schließlich doch ungebrochen aus allen Anfechtungen hervorgehen. Bambus verkörpert in Asien die Idee des Taoismus, die vor allem von Laotse verkündet wurde. Diese Idee beschreibt die Kunst des Überlebens so: Nachgeben und dann wieder zurückkommen.

Bambus in Religion und Symbolik

Die Religion ist in allen asiatischen Ländern eng mit der Natur verknüpft. Die Götter, und davon gab und gibt es unzählige, lebten in den Felsen, im Wasser, in den Wäldern und Hainen. Auch einzelne Steine, Flüsse und Bäume galten als heilig, wobei man das Wort »heilig« nicht in unserem europäischen Sinne sehen darf. Man sah die Natur – das Wasser, die Berge, die Pflanzen und die Tiere – nicht als dem Menschen untertan, sondern als Bestandteile eines Ganzen an, zu dem auch der Mensch gehört. Daß der Mensch ohne die Natur nicht existieren kann, daß er sich ihren Gesetzen unterwerfen muß, um zu überleben, gilt auch im modernen Asien. Nur aus diesem Selbstverständnis der Einheit von Mensch und Natur heraus kann man verstehen, wenn in Asien der Bambus als Freund, als Bruder oder als Weggefährte bezeichnet wird.

Es ist allerdings nicht nur der Bambus, der für den asiatischen Menschen in seiner Religion, seiner Philosophie und in seiner Kunst eine große Rolle spielt. An seiner Seite stehen Kiefer, Weide, Pflaume, Lotosblüte und Chrysantheme. Aber von all diesen symbolträchtigen und verehrten Pflanzen ist Bambus die einzige, die dem Menschen auch durchaus handfeste praktische Dienste leistet, sei es als Baumaterial, als Nahrung oder zur Herstellung von tausend praktischen, täglich benutzten Dingen.

In der asiatischen, vor allem in der chinesischen Symbolsprache ist der Bambus von großer Bedeutung. Er läßt seine Blätter hängen, weil sein Inneres, also sein Herz, leer ist. Ein leeres Herz bedeutet in China Bescheidenheit, darum ist der Bambus ein Symbol für diese Tugend. Bambus ist immergrün, er verändert sein Aussehen im Laufe der Jahreszeiten nicht, darum gilt er auch als Symbol für das Alter. Das chinesische Schriftzeichen für Bambus ähnelt dem für Lachen, denn, so meinen die Chinesen, der Bambus biegt sich vor Lachen. Die Worte für Bambus, für beten und wünschen sind im Chinesischen gleichlautend. Der Ursprung: früher ließ man Bambusstücke im Feuer explodieren, sie zerbarsten mit lautem Krach. Dieses Bambusfeuerwerk sollte die Dämonen vertreiben und bei den Göttern Gebeten und Wünschen für Frieden und Ruhe Gehör verschaffen.

Bambus wird in der Kunst Asiens oft zusammen mit der Orchidee oder der Pflaumenblüte darge-

stellt. Die Blüte verkörpert dabei die Frau – oder Yin, das weibliche Element, Bambus den Mann – oder Yan, das männliche Element.

Weil Bambus für den Menschen in Asien eine so überragende Rolle spielt, in der Philosophie ebenso wie im praktischen Leben, hat er auch in Legenden, Glauben und Aberglauben Eingang gefunden. Die Märchen und Legenden, die sich in Asien um Bambus ranken, sind ohne Zahl. Hier sei eines davon wiedergegeben: Als ein japanischer Bauer seinen Bambus schnitt, fand er im Innern eines Bambusrohres ein kleines Mädchen. Er nahm es mit nach Hause und zog es auf wie sein eigenes Kind. Es wuchs heran und wurde zum schönsten und anmutigsten Mädchen des ganzen Landes. Der Kaiser von Japan hörte davon und wollte das Mädchen zu seiner Gemahlin machen. Das Mädchen aber schrieb ihm in einem Brief, es sei zuviel der Ehre, die kaiserliche Gemahlin zu werden, es zöge deshalb vor, wieder in den Bambus zurückzukehren, aus dem es gekommen sei. Der Kaiser setzte alle seine Soldaten ein, um das Mädchen zu finden, aber es blieb verschwunden. Aus Trauer darüber, das Mädchen verloren zu haben, das aus einem Bambus gekommen war, verbrannte der Kaiser den Brief des Mädchens auf dem Berg Fujiama. Wo das Feuer bis heute noch nicht erloschen ist.

Viele überkommene Zeremonien in Asien, vor allem aber in Japan, hängen eng mit Bambus zusammen. Zum Beispiel werden für die Gerätschaften, die man für die japanische Tee-Zeremonie braucht, nur ganz bestimmte Arten von Bambus verarbeitet. Seit dem achten Jahrhundert gibt es in einigen Gegenden Japans auch das »Fest des Bambusspaltens«, das von Priestern mit Reinigungsritualen eröffnet wird, bevor die jungen Männer des Dorfes beginnen, die frischen Bambusrohre zu spalten.

Die traditionelle Neujahrs-Dekoration eines japanischen Hauses besteht aus den drei am meisten verehrten Pflanzen Japans: Bambus, Pflaume und Kiefer. Man nennt diese drei Pflanzen auch »Drei Freunde«. Sie symbolisieren die drei Religionsstifter Buddha (Bambus), Konfuzius (Pflaume) und Lao Tse (Kiefer). In China verehrt man die »Vier edlen Pflanzen«, auch hier ist es der Bambus zusammen

mit der Orchidee, der Pflaume und der Chrysantheme. Diese Pflanzen verheißen zusammen Glück und Wohlstand und fehlen bei keinem Fest, bei keiner Zeremonie, seien sie nun weltlicher oder religiöser Natur. Glück fürs ganze Leben verheißt es einem Kind, wenn bei seiner Geburt die Nabelschnur mit einem Messer aus Bambus durchschnitten wird. In Japan war dieses Privileg früher sogar nur den Kindern der »Göttergleichen« vorbehalten.

Götter sind in Asien Wesen mit durchaus menschlichen Gewohnheiten und Bedürfnissen – darum werden sie oft mit ganz alltäglichen Gegenständen abgebildet. Etwa die unsterbliche Ho sien-Ku, die eben Reis kochte und noch den Bambuslöffel in der Hand hielt, als sie »erlöst wurde und in die Lüfte stieg«. Man sieht sie auf alten Darstellungen mit dem Bambuslöffel in der Hand.

Bambuspinsel und Bambuspapier

»Sein Name möge auf Bambus und Seide überliefert werden« – so lautet einer der vielen Glückwünsche in China. Bambus spielte nämlich schon in Urzeiten eine wichtige Rolle in der Kalligrafie, in der künstlerischen Schrift. Und daran hat sich bis heute nichts geändert – die Kalligrafie ist noch heute eine hohe Kunst. Die Pinsel, mit denen man die Schriftzeichen malte und heute noch malt, sind aus Bambusrohr geschnitten. Papier wurde früher aus Bambusblättern gefertigt und die Form des Bambusblattes ist eine Leitform asiatischer Kalligrafie.

Man darf die Kalligrafie nicht einfach als Schönschrift bezeichnen. Sie ist vielmehr eine Kunst, die

Links: Dichter Bambuswald aus *Dendrocalamus giganteus* in Cibodas auf Java
Rechts: Spleißen von Bambusrohren für Lack- und Flechtarbeiten

vor allem in China schon vor Jahrhunderten zu höchster Vollendung gedieh. »Schreiben heißt Bilder malen und malen heißt Bilder schreiben«, sagt man in Asien. Ein Kalligraf war also nicht nur ein Mann, meist ein Gelehrter, der Texte schrieb, er gab diesen Texten durch die persönliche künstlerische Form der Schriftzeichen auch eine entsprechende Form. Man kann chinesische Schriftzeichen nur wegen ihres ästhetischen Reizes betrachten, der Genuß wird aber noch vertieft, wenn man die Zeichen auch lesen kann – denn immer sind Inhalt und Form einander angepaßt. Die ersten nachweisbaren chinesischen Schriftzeichen fand man im 13. Jahrhundert vor Christus. Sie waren damals bereits vereinfachte Zeichnungen, die sozusagen auf Kürzel reduziert wurden. Und so ist es noch heute. Im Laufe der Jahrtausende wurden immer wieder andere »Schulen« für Kalligrafie Mode, und jede dieser Stilrichtungen hatte ihre berühmten Meister, die auch große Dichter und Maler waren. Um sie ranken sich viele Erzählungen. So zum Beispiel die Geschichte von dem buddhistischen Mönch Huaisu, der um 725 lebte. Er war so besessen von seiner Kunst, daß er jede Fläche, die er fand, mit kalligrafischen Zeichen schmückte: Tempelwände, Kleidungsstücke, Töpfe und Pfannen. Schließlich baute er Bananenbäume an, um die großen Blätter beschreiben zu können. Seinen exzentrischen Stil beschrieb man als vergleichbar mit »erschreckten Schlangen und plötzlichen Stürmen«. Die Kalligrafie des Gelehrten Wang Xizhi (307–365) dagegen wird verglichen mit ziehenden Nebeln und sich herabsenkendem Tau.

Die Kalligrafie des Ostens erhält ihre besondere künstlerische Form durch den Pinsel, den man in China schon seit etwa 6000 Jahren kennt. Von Anfang an war er raffiniert konstruiert: An einem langen elastischen Stiel aus Bambusrohr saßen Tierhaare. Sie waren keilförmig angeordnet – am Stiel sehr dicht, zur Spitze hin immer dünner, so daß man feinste Linien und breite kräftige Striche damit zeichnen konnte. Im Grunde hat sich an dieser Pinselform bis heute nichts geändert. Ebenso ungewöhnlich ist die Handhabung dieses Pinsels. Er wird zwischen die Finger geklemmt, Finger und Handgelenk werden beim Schreiben und Malen nicht bewegt, bleiben starr. Der Künstler schreibt und malt aus dem Ellenbogen- und Schultergelenk heraus. Dadurch soll das, was zu Papier gebracht wird, direkt aus dem Zentrum des Körpers, aus dem

Pinselzeichnungen von Bambus auf einem Rollbild (linke Seite) und auf Reispapier in jahrhundertealter Tradition
Seite 15: »Zwei Schnepfen nach dem Regen«, Tuschzeichnung von Lu Kunfeng 1980

Herzen kommen. »Der Pinsel führt aus, was das Herz diktiert«, sagte Jing Hao, ein Maler und Kalligraf des 10. Jahrhunderts n. Chr. »Der Pinsel tanzt und die Tusche singt«, sagt man heute noch von schönen Kalligrafien und Tuschzeichnungen. Ist der Pinsel bis heute aus Bambus, so waren es in ganz frühen Zeiten auch die Schreibflächen: dünne Bambustäfelchen, auf denen es sich trefflich schreiben ließ. Mehrere Täfelchen wurden künstlerisch zusammengeknüpft, so entstanden die ersten »Bücher«. Später malte und schrieb man vorwiegend auf Seide, als diese knapp wurde, weil immer mehr und mehr geschrieben wurde – China hatte einen Beamtenapparat, der alles und jedes niederschrieb und mehrmals vervielfältigte –, erfand man in China das Papier. Das ist immerhin schon fast 2000 Jahre her. Im Jahre 105 v. Chr. berichtete der Hof-

eunuch Tsai Lun dem Kaiser über eine neue Erfindung: Aus alten Fischernetzen, Baumrinde, Hanf und Gräsern wurde ein Brei gerührt, den man schließlich abschöpfte, auf Matten dünn ausgoß und trocknete. Mindestens zwei Jahrhunderte früher schon hatte man auf ähnliche Weise Papier aus Bambusblättern hergestellt, das beweisen archäologische Funde. Die Bambusblätter wurden in Wasser eingeweicht und tagelang geschlagen, bis ein dünner Brei entstand. Dieser Brei wurde auf Matten geschöpft und getrocknet. So entstanden dünne Papierblätter, die man sorgsam glättete. Bambuspapier war allerdings etwas faserig, die Tusche zerlief darauf. Darum wurde mehr und mehr das bedeutend billigere Papier aus Abfällen hergestellt, das sich hervorragend zum Schreiben und Zeichnen mit Tusche eignete.

Mit der Erfindung des Papiers nahm die Kunst des Schreibens zuerst in China und später auch in Japan einen unerhörten Aufschwung. Nicht nur Künstler malten und schrieben, es gab viele Kopisten, die berühmte und schöne Kunstwerke kopierten – das galt als durchaus wünschens- und ehrenwert. Von China wurde um das Jahr 400 n. Chr. die Kalligrafie nach Japan eingeführt, als viele Gelehrte und Kunsthandwerker aus China nach Japan flüchteten und sich dort ansiedelten. Japanische Künstler allerdings verfeinerten die Kalligrafie bald zu einer Kunst, die bis zur Abstraktion ging. Daneben gab es noch eine einfache Schrift, die den Künstlern und Gelehrten zu »primitiv« war. Sie wurde von vielen höfischen Frauen beherrscht und gern benutzt. Darum sind viele überlieferte berühmte Werke der frühen japanischen Literatur von Frauen geschrieben.

Zuerst in China, dann auch in Japan und anderen asiatischen Ländern ging parallel mit der Entwicklung der Kalligrafie auch die der Malerei einher. Ein schön geschriebener Text ist oft begleitet von symbolischen Tuschzeichnungen, die sich auf den Text beziehen. Andererseits sind die großen, oft meterlangen Rollbilder von erklärenden Texten in schöner Kalligrafie begleitet. Und diese Texte sind wiederum Dichtung. Schrift, Malerei und Dichtung sind in Asien nicht, wie bei uns, getrennte Künste, sondern eine Einheit. Ein Dichter ist auch Maler und Kalligraf, ein Maler ist Literat und Schreibkünstler.

Die Bambusmaler

Bambus ist auf vielen alten und neuen Tuschzeichnungen und Rollbildern dargestellt. Das hat zwei Gründe: Einmal gehört er zum Wesen der asiatischen Landschaft, und die Natur war und ist neben religiösen und höfischen Szenen das am meisten und am liebsten verwendete Motiv der Künstler. In China malte man die Natur nicht einfach ab, die Künstler wollten mit ihren Bildern etwas aussagen. Eine realistisch »abgemalte« Landschaft, und war sie noch so schön, galt als primitiv. Der Künstler legte in die Komposition einer Landschaft viel mehr hinein. Anders in Japan. Dort wurden die Landschaften realistischer und auch farbiger dargestellt – aber immer gehörte auch dort Bambus dazu, weil er einfach zur Natur gehörte.

Bambus wurde aber – zum andern – auch als reines Symbol gemalt, zum Beispiel als Symbol für die taoistische Auffassung vom Nachgeben, um zu siegen. Vor allem in der Yuang-Periode in China entwickelte sich die Darstellung von Bambus, Orchidee, Pflaumenblüte und Chrysantheme – den vier Edlen – und Lotos und Kiefer zu einem eigenständigen Genre. Es gab spezielle Bambusmaler, die sich ganz auf die Darstellung von Bambus konzentrierten. Einer der berühmtesten war Zhao Mengfu und seine Frau Kuang sowie Gao Kegong (alle um 1250 n. Chr.). Diese Maler fügten, wie viele andere Bambusmaler auch, ihren Tuschzeichnungen sehr poetische Verse hinzu. Die Zeichnungen, meist nur mit schwarzer Tusche, seltener auch in Blau-Grün gemalt, sind sehr verinnerlicht, erfassen den Charakter des Bambus durch Andeutung und Aussparung und haben dadurch eine große Ausstrahlung. »Wenn man Bambus malen will, muß man zum Bambus werden«, sagten die Bambusmaler von sich.

Auch in Japan gab es spezielle Bambusmaler. Sie vereinfachten nach der Zen-Philosophie die Motive noch mehr, überhöhten sie symbolisch und verfeinerten sie raffiniert gemäß dem Lebensstil, der damals an den japanischen Kaiserhöfen gepflogen wurde.

Dichter des Bambus

Wie die Rollbilder und Tuschzeichnungen immer stärker vereinfacht und symbolisiert wurden, so geschah das auch in der Dichtung. In Japan ist der Haiku bis heute sehr beliebt, das ist ein rhythmischer Dreizeiler, der mit sparsamen Worten eine besondere Stimmung vermitteln soll. Ein Haiku beschreibt sozusagen das Bild eines einzigen Augenblickes, in dem aber Vergangenheit und Zukunft eingeschlossen sind. Daß sich der allgegenwärtige Bambus in vielen Haikus findet, ist nur selbstverständlich.

Hier nur einige Beispiele in der Übersetzung von Jan Ulenbrok, aus dem Heyne-Taschenbuch »Haiku«.

So tropfenweise
Der Regen hereinweht
Zum Bambusvorhang
(Shiki 1867–1902)

Mein ganzer Frühling:
Nun zu dem einen Bambus
Ein Weidenzweig noch

(Issa 1736–1827)

Im Sommerregen
So ab und zu beim Bambus
Ein Falter auftaucht

(Chora 1721–1772)

Im Regenschauer
Läuft rasch am Bambus runter
Die Roßameise

(Joso 1661–1704)

Wohl fünf- bis sechsmal
Sich Farben mischen
Am Bambusvorhang

(Ransetsu 1654–1707)

Beim stillen Kloster
Ein Ton wie Bambusmähen –
Das Abendnieseln

(Shoha um 1700)

Jedem seine eigenen Sorgen
Bereitet die Dürre –
Ich bange um Bambus und Kiefer

(Po Chü-i, Übers. G. Eich)

Gärten in China und Japan

In der chinesischen und japanischen Gartengestaltung spielt der Bambus eine besondere Rolle, die man nur verstehen kann, wenn man weiß, was die Gärten und Gartenkunst dort bedeuten. Gartengestaltung ist eine Form der Kunst wie die Landschaftsmalerei und richtet sich nach vergleichbaren Regeln.* In Asien herrscht immer eine gewisse Furcht vor der »wilden«, der ungezähmten Natur,

gleichzeitig aber eine große Liebe zu ihr und eine Verbundenheit, wie wir sie in Europa kaum nachvollziehen können. Natur und Mensch werden als untrennbare Einheit gesehen. Der Garten soll die Natur widerspiegeln, soll aber dem Menschen auch dazu dienen, sich in die Natur durch Meditation zu versenken. Ein Garten lebt also stark aus der Symbolik. Chinesische Gärten sind Kunstwerke, in denen Landschaften gestaltet sind, die nicht nachahmen, sondern vereinfachen und vertiefen, wie das in der Malerei der Fall ist. Ein chinesischer oder ein japanischer Garten gleicht in nichts unseren europäischen Gärten, weil er von ganz anderen Voraussetzungen ausgeht. Chinesische und japanische Gärten formen eine Landschaft, die mehr die Einbildungskraft als den Verstand des Betrachters an-

* Zwischen chinesischer und japanischer Gartenkunst bestehen grundsätzliche Unterschiede. Es würde zu weit führen, sie hier zu erläutern. Der Leser sei auf die zahlreiche Literatur verwiesen.

regt. Immer wird die Ying- und Yang-Lehre, der Gegensatz des Männlichen und des Weiblichen, des Harten und des Zarten beachtet. Das können Fels und Wasser sein, Bambus und Chrysantheme, gerade und gebogene Linien.

Yüan Jeh schreibt 1634 über den Garten: »Ein einzelner Berg kann viele Wirkungen hervorrufen, ein kleiner Stein viele Gefühle erwecken. Der Schatten der trockenen Blätter des Bananenbaumes zeichnet sich auf dem Papier des Fensters wunderbar ab. Die Wurzeln der Föhre zwängen sich durch die Spalten des Steins. Wenn man hier inmitten der Stadt Ruhe findet, warum sollte man diesen Ort verlassen und einen entfernten suchen?...« Alle Dinge im chinesischen Garten – im japanischen in noch verfeinerter, abstrahierter Form – haben einen Symbolwert und sind Meditationshilfen. Wasser fehlt niemals, es steht für das menschliche Leben und das philosophische Denken. Rasen gibt es nicht, dafür Kieselflächen. Felsen symbolisieren Berge. Sie werden oft von weither herbeigeschafft, wobei man besonderen Wert auf bizarre und zerklüftete Formen legt. Sie bezeugten – als Gegensatz zum Wasser – die mächtigen Naturkräfte. Blumen werden niemals in Rabatten oder Mustern gepflanzt, sie stehen einzeln, zur Meditation anregend. Die Chrysantheme, die spät blüht und dem Frost trotzt, symbolisiert Kultur und Zurückgezogenheit, die Wasserlilie ist das Zeichen der Reinheit und Wahrheit. Der Bambus vertritt Geschmeidigkeit und Kraft, treue Freundschaft und rüstiges Alter. Bambus dient aber auch mit seinem immergrünen Laub als Hintergrund für die Pflaumenblüte und verbindet sich mit der Kiefer zu einem künstlerischen Bild. In asiatischen Gärten wird der Bambus meist so ausgelichtet, daß die einzelnen schönen Halme zu sehen sind, ein Bambus mit mehreren Halmen symbolisiert in der landschaftsmalenden Gärtnerei einen ganzen Wald.

In Japan werden die künstlerischen Gärten so angelegt, daß sie in den Wohnbereich einbezogen sind. Die Schiebewände der japanischen Häuser traditioneller Art lassen sich zum Garten hin öffnen. Der Garten ist so gestaltet, daß er bei geöffneten Wänden wie ein kunstvolles Gemälde wirkt, in das man sich meditativ vertiefen kann.

Japanische Gärtner verfeinerten ihre Gartenkunst im 16. Jahrhundert so weit, daß sie Gärten fast ohne Pflanzen anlegten. Ein Stein symbolisierte einen Berg oder einen Wasserfall. Das Wasser wurde durch feinen Sand oder weißen Kies dargestellt, den man mit dem Rechen mit Mustern versah, die einen fließenden Bach, einen schäumenden Fluß oder das Weltmeer symbolisierten. Diese Trockengärten gibt es auch heute noch. Darin findet man oft nur wenige, besonders schöne Bambushalme. Diese Trockengärten werden nicht betreten, man betrachtet sie nur vom Haus aus.

Kunstvolle Gärten legte man auch um die Tempelanlagen herum an. Berühmt ist der Bambushain des Hokokuji-Tempels in Kamakura, weil zwischen Bambusriesen einzelne kunstvoll angeordnete bemooste Steine liegen und Steinlaternen stehen. Es gibt auch Bambushaine um Tempel, die vor allem berühmt sind, weil hier besonders seltene oder besonders schöne Bambus-Arten wachsen. Im Bezirk Kochi in Japan wurde ein Hain aus dem kostbaren »Goldenen Bambus«, dessen goldgelbe Halme mit grünen Streifen verziert sind, unter Natur-Denkmalschutz gestellt. Auch Haine mit Schildkrötenbambus sind weithin berühmt und Ziel vieler Ausflugsreisen.

Bambus, Wasser und Pagodendächer,
ein Platz zum meditieren.
Im Daguanlou-Park,
Kunming, China

Bambus als Nutzpflanze

Daß der Bambus in der Kultur der asiatischen Völker eine so große Rolle spielt, hat eine ganz natürliche Ursache: Bambus ist in Asien eine Pflanze, die den Menschen in allen Bereichen seines Lebens ganz selbstverständlich begleitet. Die Menschen in Asien, und das ist immerhin mehr als die Hälfte der Erdbevölkerung, benützen Bambus als Baumaterial für ihre Häuser, als Behälter für Essen und Trinken, als Grundmaterial für allerlei Geräte im Haus und bei der Feldarbeit, als Waffen, als Nahrungsmittel, als Viehfutter und als Medizin.

Der britische Oberst Barrington de Fonblanque, der im vorigen Jahrhundert China bereiste, faßte damals seine Eindrücke so zusammen: »Wie würde der arme Chinese ohne Bambus überleben? Er dient ihm nicht nur als Nahrung, sondern auch als Dach seines Hauses und als Matte, auf der er schläft, als Becher, aus dem er trinkt, und als Stäbchen, mit dem er ißt. Der Chinese bewässert seine Felder mit Bambus-Rohren, harkt seine Ernte mit dem Bambus-Rechen zusammen, reinigt sie im Bambus-Sieb und trägt sie im Bambus-Korb nach Hause. Der Mast seiner Dschunke ist aus Bambus, ebenso die Deichsel seines Karrens. Er wird mit einer Bambus-Rute gepeitscht, mit Bambus-Splittern gefoltert und schließlich mit einem Bambus-Strick erwürgt.«

Die Bedeutung des Bambus für den Asiaten ist durch die moderne Technik um nichts geschmälert worden. Die Eigenschaften dieser Pflanze sind so überzeugend, daß man ihnen selbst mit moderner Technik nicht viel entgegensetzen kann. Das Bambusrohr ist so fest wie Stahl, aber biegsamer. Es wächst pfeilgerade und schnell und ist deshalb als Baumaterial geradezu prädestiniert. Es ist leicht und trotzdem fest, biegsam und trotzdem zäh. Es ist schwer entflammbar, kann unter Hitze gebogen werden und behält dann seine Form, ohne seine Stärke und Elastizität zu verlieren. Es kann – immer in einer Richtung – zu feinsten Fasern gespalten werden, aus denen man fast unzerreißbare Stricke dreht. Seine Sprosse sind eine delikate und vitaminreiche Nahrung, seine Blätter nahrhaft und heilsam für das Vieh.

In Asien, von Japan bis Indien, vom Äquator bis nördlich zum 40. Breitengrad, vom feuchtheißen Urwald bis zu den kühlen Vorgebirgen des Himalajas sind die dichten, oft riesigen Bambuswälder aus keiner Landschaft wegzudenken. Das trockene Rascheln der schmalen Blätter ist neben dem Zirpen der Zikaden und dem gewaltigen Quaken der Ochsenfrösche das typische Geräusch eines Tropenabends.

Der Anbau von Bambus

Auf der ganzen Welt wachsen 1050 bis 1070 verschiedene Bambus-Arten, von den winzigen grasartigen *Sasa* bis zu den Arten, die in subtropischen Regionen riesig werden, bis zu 30 Meter hoch mit einem Stammdurchmesser von 30 cm. Nur wenige Arten werden vom Menschen genutzt, in großen und kleinen Bambusplantagen angebaut, gehegt und gepflegt, wie das jeder Bauer bei uns mit seinem Acker tut. In Japan, wo etwa 100 verschiedene Arten gedeihen, sind nur etwa 15 Arten weit verbreitet und in Kultur. 90 Prozent der Bambusplantagen im Land der aufgehenden Sonne bestehen aus den Arten »Madake« *(Phyllostachys bambusoides)* und »Moso« *(Phyllostachys heterocycla,* f. *pubescens).* Madake wird in erster Linie als Baumaterial und als Grundmaterial für Geräte angebaut, Moso als Nahrungsmittel, denn seine Sprosse gelten als die feinsten von allen.

Ähnlich wie in Japan ist es auch in allen anderen asiatischen Ländern. Als Nutzpflanzen werden nur die wenigen Bambus-Arten angebaut, die den lokalen Ansprüchen am besten gerecht werden. Das können durchaus »importierte« Arten sein. Moso und Madake zum Beispiel stammen ursprünglich aus China, wurden aber schon in grauen Vorzeiten in Japan eingeführt, einfach weil sie die besten Ar-

Phyllostachys heterocycla f. *pubescens* in Kultur. Die Sprosse sind bei Feinschmeckern begehrt

ten für die entsprechenden Zwecke waren – und auch heute noch sind. Der Asiate ist ein real denkender Mensch, er muß es sein, um zu überleben. Er experimentiert nicht viel mit dem Bambus, sondern baut ihn da an, wo er seit Jahrhunderten optimale Bedingungen findet. Die Plantagen werden sorgfältig gepflegt und die Bambusrohre zur rechten Zeit geschlagen – immer, wenn sie drei bis fünf Jahre alt sind. Vorher ist nämlich das Rohr zu weich, nachher zu hart. Auch wo Bambus nicht angebaut wird, sondern in großen Gebieten natürlich wächst, geht der Mensch in Asien sorgsam mit die-

ser Pflanze um. Er weiß, daß Kahlschläge falsch sind, daß es Jahre dauert, bis sich danach wieder brauchbare dicke Halme bilden. Also holt er sich aus dem natürlichen Bestand nur die Rohre, die »schlagreif« sind.

Allerdings konnte auch in Asien nicht verhindert werden, daß große Bambusvorkommen vernichtet wurden. Der Grund: die Bevölkerungsexplosion. Die hohen Bambus-Arten wachsen in ihren Heimatländern auf Böden, die sehr fruchtbar sind. Um zu überleben, haben viele Dörfer ihre landwirtschaftlichen Flächen erweitert und dafür, vor allem in den

Gefällte Halme von *Dendrocalamus giganteus* auf Java

Baugerüst aus Bambusstangen in Delhi

Ebenen, große Bambusbestände gerodet. Das ist auch mit ein Grund, warum der Panda-Bär auszusterben droht. Dieser große Bär mit dem harmlosen Aussehen eines Kinderspielzeugs – und dieses Aussehen täuscht – ernährt sich fast ausschließlich von Bambus. Jahrhundertelang fand er in seiner Heimat über zwanzig verschiedene Bambus-Arten. Die einen wuchsen in den wärmeren Ebenen, die anderen auf den kühlen, aber nebelfeuchten Bergen, in denen er vor allem lebte. Der Panda konnte mit den Jahreszeiten seinen Standort wechseln und fand immer ausreichend Nahrung. Seit aber in den Ebenen und Vorgebirgen Bambuswälder in Ackerland umgewandelt wurden, stehen ihm nur noch wenige Bambus-Arten zur Verfügung. Als von diesen nun auch noch einige blühten und daran zugrunde gingen – oder zumindest für viele Jahre sehr stark reduziert wurden –, fanden die Pandabären nicht mehr

genügend Nahrung, sie verhungerten. Man versucht zwar, die seltenen Pandas an Reis und Gräser als Nahrung zu gewöhnen. Doch bisher erfolglos. Mit dem blühenden Bambus sind viele Pandas gestorben, und die wenigen Überlebenden sind weiter gefährdet, denn bis aus den wenigen verbliebenen Bambus-Rhizomen oder aus Sämlingen neue Bestände entstanden sind, vergehen Jahrzehnte, und solange kann der Panda nicht warten.

Bauten aus Bambus

Für die Menschen allerdings ist das Reservoir an Bambus in Asien noch nahezu unerschöpflich – und wird es auch bleiben, denn die Pflanze ist dort zu wichtig und zu eng mit allen menschlichen Bedürf-

Bambusleiter an einem Haus auf Sumatra

Nächten. Die Basis ihrer Häuser sind dicke, in den Boden gerammte Bambusrohre. Darauf liegt der Fußboden aus Bambuslatten, einen Meter oder mehr über dem Boden, um die Menschen vor Schlangen und Raubtieren, aber auch vor den Wassermassen des Monsuns zu schützen. Die Wände der Häuser sind aus geflochtenen Bambusmatten, vor den Fensteröffnungen hängen aufrollbare Bambusjalousien. Das Dach aus Palmen- oder Bananenblättern ruht auf einem Bambusgerüst. Und in diesen leichten, luftigen Häusern wohnen große Familien mit vielen Menschen. Die Häuser überdauern Jahre, oft Jahrzehnte. Und wenn eines dieser Häuser morsch geworden ist, kostet es nichts als ein paar Tage Arbeit, ein neues zu bauen.

Doch nicht nur in ländlichen Gegenden und in den Urwäldern Asiens dient der Bambus als Baumaterial. In Weltstädten wie Hongkong oder Singapur, die im Eiltempo den Anschluß an das Industriezeitalter suchen und finden, sprießen ständig gewaltige Wolkenkratzer aus dem Boden. Modernste Maschinen werden beim Bau eingesetzt und neuzeitliche Materialien wie Glas, Stahl und Beton. Doch wenn die Außenwand verputzt wird, dann wuchert als Baugerüst ein Netz von Bambusstangen, zusammengebunden mit Bambusstreifen, an den Bauten hoch – bis zum 70. Stockwerk. Nicht selten kann man beobachten, selbst vom Schwindel ergriffen, daß irgendwo im 45. Stockwerk eines Wolkenkratzers um ein Fenster herum ein kleines, anscheinend freischwebendes Bambusgerüst entsteht – hier werden Reparaturen ausgeführt.

Die uns Europäern vertrauten Stahlgerüste gibt es natürlich auch in Asiens Weltstädten. Doch die Bauarbeiter bevorzugen das sicherere Bambusgerüst, nicht etwa aus Rückständigkeit oder Tradition. Anders als Eisen und Stahl rostet Bambus im feuchten Tropenklima nicht. Die Bambusrohre sind leichter und dennoch fester als Stahl. Jedesmal, wenn ein Taifun über Hongkong hinweggerast ist, sieht man dasselbe Bild: Die wenigen Stahlgerüste sind wie splitternde Zahnstocher von den Wänden gefegt. Die Bambusgerüste hängen noch – ein bißchen verzogen zwar – an Ort und Stelle. Und sind in weniger als einem Tag wieder einsatzbereit.

Auf kleineren Baustellen in Asien hat Bambus noch eine andere Funktion, als die des Gerüstes. Bambusrohre werden bei Schalungsarbeiten verwendet. Kleinere Erdbewegungen werden hier immer noch von Hand erledigt, denn Arbeitskraft ist

nissen verbunden, als daß man leichtfertig damit umginge. Ganz deutlich erkennt man die Bedeutung dieser Pflanze vor allem in abgelegenen Gegenden, in den Dörfern der Bergstämme im Norden Thailands oder in Laos. Dort, weitab von jeder Zivilisation, leben Dorfgemeinschaften, die völlig autark sind, die zu ihrem allerdings bescheidenen Überleben den Rest der Welt nicht brauchen. In diesen Dörfern der Meos oder Laos ist die Vielseitigkeit von Bambus besonders augenfällig. Nicht nur, daß fast alle Gerätschaften in den Häusern und um die Häuser aus Bambus sind, auch die Wasserleitung, die vom nahen Bach herführt, die Flöte, mit der man abends Musik macht, die Wasserpfeife, Pfeil und Bogen, der Zaun um den Schweinekoben, die Palisade um das Dorf sind aus Bambusrohren, gemacht. Bambus gibt den Menschen Schutz vor den Stürmen des Monsuns und vor der Kälte in den

Ein kleines Haus in Prafrance, vollständig aus Bambus hergestellt

billiger als Maschinenkraft. Mit einer breiten Hacke wird die Erde in einen flachen Bambuskorb gescharrt, der dann von Frauen weggetragen wird.

Geräte aus Bambus

Bambus ist als Material für Gefäße aller Art in Asien allgegenwärtig. Das reicht von delikat geschnitzten Bechern und Tassen bis zu reusenförmigen Netzen, aus groben Strängen geflochten, in denen man die Schweine zum Markt transportiert. In langen Bambusrohren tragen die Frauen Wasser von der Quelle zum Haus, in kurzen, mit Lehm ausgestrichenen Stumpen aus Bambus wird glühende Holzkohle monatelang aufbewahrt, lebenswichtiges Feuer zum Kochen.

Am verbreitetsten aber ist der Bambuskorb, den es in jeder Form und Größe gibt. Ob es nun ein simpler Behälter ist, aus dem auf dem Markt Kartoffeln angeboten werden, oder eine überaus wertvolle geflochtene Schmuckkassette, die japanische Handwerker nach jahrhundertealter Tradition anfertigen – das Grundmaterial ist immer dasselbe: Bambus. Die Chinesen verwenden mehrstöckige tragbare Essensbehälter aus geflochtenem Bambus, eine Art asiatischer Henkelmann. Lackiert und bemalt werden diese Behälter zum Kunstwerk. Auch zum Dünsten bestimmter Gerichte verwenden chinesische Hausfrauen dichtgeflochtene Bambusgefäße.

Nicht wegzudenken sind Werkzeuge und andere nützliche Geräte aus Bambus aus dem Leben der asiatischen Menschen. Aus keinem Landstrich Asiens ist jene etwa eineinhalb Meter lange glänzende polierte Bambuslatte wegzudenken, die Männer und Frauen wie ein Joch über die Schultern legen, um an beiden Enden fein ausbalancierte Lasten zu tragen – schwere Lasten. Oft sieht man eine

Mutter auf dem Weg zum Markt, die auf der einen Seite der Stange einen Korb mit Feldfrüchten trägt, auf der anderen Seite einen flachen Korb aus Bambus, in dem fröhlich ein kleines Kind sitzt. Da diese Tragestange unter der Last möglichst nicht schmerzhaft wippen soll, hat sie ganzen Generationen von Asiaten den typischen gleitenden Gang mit kurzen schlurfenden Schritten aufgezwungen.

Daß man Bambus für einfache Geräte wie Rechen und Besen verwendet, ist selbstverständlich. Doch er dient auch als Feuerzeug. Manche Volksstämme schlagen mit einer Porzellanscherbe Funken aus dem harten Bambusholz. Bei anderen Stämmen wiederum schnitzt man einen Kolben, der genau in das Segment eines Bambusrohres paßt. Dieser wird dann so lange heftig in das Rohr gestoßen, bis die durch Kompression erhitzte Luft im Innern des Rohres eingelegte Holzsplitter entzündet.

Elegante Japanerinnen bedienen sich an heißen Tagen zierlicher faltbarer Fächer aus Bambus, die kunstvoll bemalt sind. Aus demselben Material flicht man noch heute bis zu 300 Meter lange Seile. Aus diesen Seilen werden Hängebrücken gebaut, und mit solchen Seilen ziehen Kolonnen von mehreren hundert Männern Frachtdschunken die wilden Stromschnellen des Yangtse-Flusses hinauf.

Selbst im Westen fand Bambus unerwartete Verwendung: Kenner wählten, als man noch altmodisch Grammophon spielte, nur Grammophon-Nadeln aus Bambus. Und in Edisons erster Glühbirne glimmte eine haarfeine verkohlte Bambusfaser.

Aus einer Pressenotiz einer deutschen Zeitung von 1880 ist folgendes zu entnehmen: »In der preußischen Armee sind jüngst zwei Ulanenregimenter mit Lanzen aus Bambus versehen worden, die abgesehen von anderen Vorzügen etwa ein Kilogramm leichter sind, als die bisher benutzten. Dies gibt Veranlassung, hier der Verwendung von Bambus in wenigen Worten zu gedenken. Vielleicht in höherem Grade als irgendeine Pflanzenform ist der Bambus für die Bedürfnisse der Halbwilden in den Tropen geschaffen, seine Verwendung ist fast unbeschränkter Art.«

Waffen aus Bambus

Es verwundert nicht, daß der Mensch aus diesem nützlichen Material auch Waffen entwickelte. Das elastische, zähe und gerade gewachsene Bambus-rohr bietet sich zum Beispiel für Pfeil und Bogen geradezu an. Noch heute schnitzt sich in Neu-Guinea der Jäger seine Waffe an Ort und Stelle aus dünnen Bambusrohren. In Japan, wo Bogenschießen als Meditationsübung in der Zen-Religion gilt, fertigen spezielle Handwerker mit mystisch überhöhter Kunstfertigkeit übermannshohe Bogen. Einfacher, aber tödlicher sind die Blasrohre aus Bambus, aus denen die Eingeborenen Sumatras ihre vergifteten Pfeile schießen. Selbst Amerikas hochtechnisierte Armee verlor im Vietnamkrieg viele Soldaten an Waffen aus Bambus: Der Vietkong grub gut getarnte Fallgruben, in deren Boden scharf angespitzte Bambuspfähle steckten. Die Spitzen dieser Pfähle waren meist noch mit Gift bestrichen. So holten sich die Opfer nicht nur schwere Verletzungen, sondern auch Infektionen, an denen sie auf schreckliche Art zugrunde gingen.

Eine zwar nicht tödliche, aber außerordentlich wirksame Methode der Abschreckung verwenden heute noch Dschungel-Jäger, um nachts wilde Tiere von ihrem Lager fernzuhalten. Grüne, frisch geschnittene Bambus-Rohre werden in unterschiedlichen Abständen rings um das Lagerfeuer gelegt, und zwar so, daß sie nicht von der Glut, wohl aber von der Hitze der Glut erreicht werden. Mit gewaltigem Knall wie bei einer Explosion reißen die auf diese Weise schnell gedörrten Bambusrohre der Länge nach auf – und kein wildes Tier und mit Sicherheit auch kein menschlicher Feind wagt sich heran.

Wenn schon von Bambus als Waffe die Rede ist – eine sehr subtile Hinrichtungsart im alten China sollte nicht unerwähnt bleiben: Der zum Tode Verurteilte wurde so auf einen aus der Erde herauswachsenden Bambussproß gebunden, daß er sich nicht bewegen konnte. Der Sproß wuchs durch den Menschen hindurch und tötete ihn auf grausamste Art und Weise.

Bambus als Nahrung und Medizin

Doch Bambus erhält auch das Leben. Überall in Asien sind Bambussprosse ein wichtiger Bestandteil der Mahlzeiten. Die Sprosse, je nach Bambusart spargeldünn bis armdick, werden geerntet, wenn sie gerade aus der Erde kommen – ähnlich wie bei Spargel.

Die Sprosse werden gekocht, das Kochwasser wird abgegossen, die äußeren Schutzblätter der Sprosse werden entfernt. Nun kann man sie in feine Scheiben schneiden oder im ganzen zubereiten. Die Konsistenz ist einem Apfel ähnlich, der Geschmack wie der einer Artischocke, der Nährwert wie der einer Zwiebel.

Vor allem die Moso-*(Phyllostachys-)*Arten eignen sich zur Zubereitung in der Küche, eßbar sind allerdings die Sprosse aller Bambus-Arten. Auf den Markt kommen lediglich Bambussprosse aus Plantagen, die speziell für die Küche gezogen werden. Daß man »in den Wald geht« und wilde Sprosse erntet, kennt man in Asien nur in den unzugänglichen und weniger zivilisierten Gegenden völlig abgeschiedener Landstriche.

Die Sprosse werden auch getrocknet oder in Dosen konserviert. In dieser Zubereitung kann man sie auch bei uns in allen guten Lebensmittelgeschäften kaufen.

Auch als Medizin werden dem Bambus geradezu wunderbare Eigenschaften zugeschrieben. Zwei Eigelb, langsam in einem frischen Bambusrohr gekocht, sollen zusammen mit dem dabei austretenden Saft unfehlbar gegen Asthma, Blutspucken und Haemorrhoiden helfen. Lange ungläubig belächelt wurde das geheimnisvolle Mittel »Tabaschir«, das in Asien seit Jahrhunderten gegen Vergiftungen benützt wird. Doch jetzt fand man heraus, daß diese Wirkung tatsächlich durch die Kieselsäure im Bambusholz erreicht wird. Kieselsäure, synthetisch hergestellt, wird inzwischen überall auf der Welt bei Vergiftungen verabreicht, sie absorbiert die Giftstoffe im Magen des Patienten.

Bambusturm auf der Phänomena
in Zürich. 45 Chinesen verarbeiteten
für diesen Demonstrationsbau
250 Tonnen Bambus

Verbreitung außerhalb Asiens

Große natürliche Verbreitungsflächen von Bambus gibt es auch in Südamerika und in Afrika. Von den zahlreichen Gattungen, Arten und Formen, die in diesen tropischen Ländern beheimatet sind, kennt man in Europa bisher nur sehr wenige: die in tropischen Regionen beheimatete Gattung *Bambusa*, die südamerikanische *Chusquea* und die mexikanische *Otatea*. Die Gründe sind einleuchtend: Die in diesen Klimazonen beheimateten Bambus-Arten sind in Europa im Freiland gar nicht und in Gewächshäusern nur unter sehr schwierigen Bedingungen zu kultivieren.

Auch für die Bevölkerung der Gebiete in Süd- und Mittelamerika, Afrika und Australien, in denen Bambus heimisch ist, hat die Pflanze so gut wie keine wirtschaftliche Bedeutung. Es gibt genügend andere einheimische Hölzer, so daß Bambus kaum praktisch genutzt wird; bestenfalls verwendet man die Blätter als Dacheindeckung von primitiven Hütten. *Chusquea* dient in Südamerika als Viehfutter. Die tropische Gattung *Bambusa* ist zudem ungenießbar, also spielt Bambus auch als Nahrungsmittel keine Rolle. Anpflanzungen von Bambus gar, wie man sie in fast allen asiatischen Ländern kennt, gibt es überhaupt nicht. Bambus ist hier lediglich ein Bestandteil des tropischen Urwaldes.

Diese tropischen Urwälder sind allerdings für den Bambus-Enthusiasten ein wahres Dorado. Denn hier finden sich Formen des Bambus, die hochinteressant sind. Die Bambuswälder hier sind buchstäblich undurchdringlich, weil die starken Halme, anders als in Asien, dicht an dicht stehen. Aber man findet auch schlingenden Bambus, der sich als Kletterpflanze an den Bäumen des Dschungels emporrankt. Man findet kriechenden Bambus, Bambus, der in Sümpfen wächst und gedeiht und sogar Arten, die als Epiphyten auf Baumriesen wachsen. Kein Zweifel, daß in diesen Gebieten noch wahre Schätze zu heben sind, weniger für den Hausgarten, aber mit Sicherheit für botanische Gärten, in denen diese tropischen Arten hochinteressanten Anschauungsunterricht bieten könnten über die Vielfalt der Bambus-Familie.

Kleine Ansätze, ungewöhnliche Bambus-Arten aus den tropischen Urwäldern auch hierzulande zu kultivieren, sind vorhanden. Es sind Anfänge; noch kann man nicht sagen, ob sie vielversprechend sind.

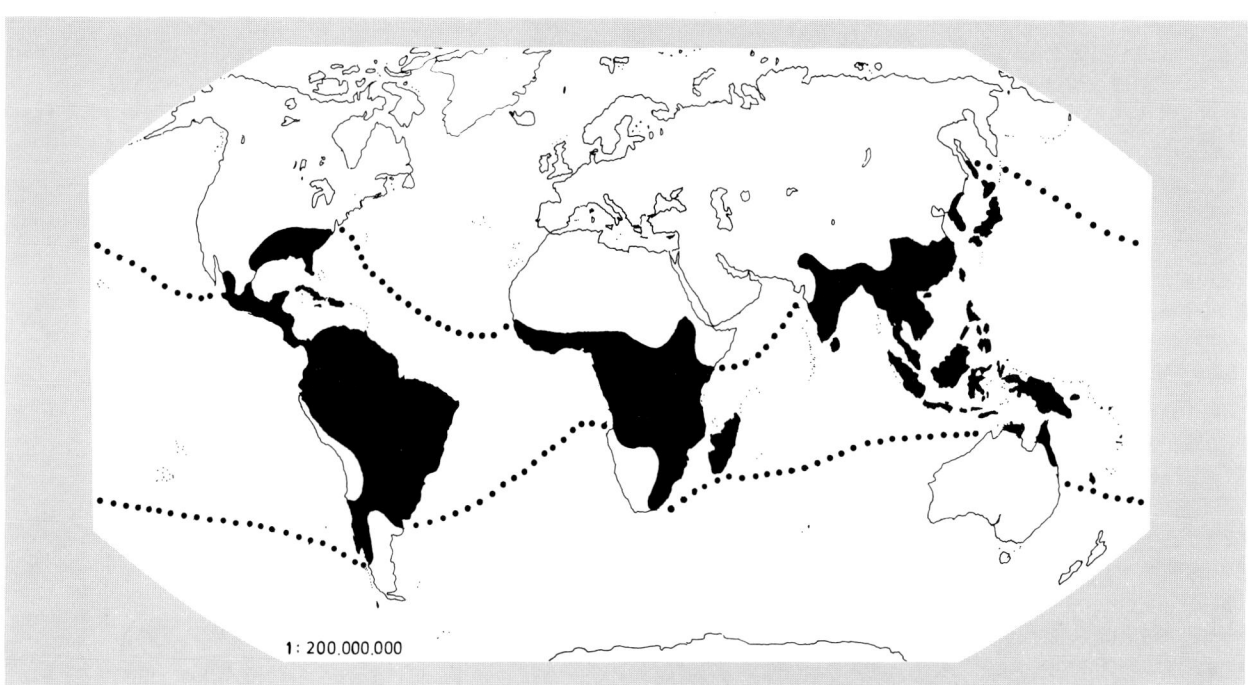

Die Verbreitung von Bambus.
In einem breiten Gürtel, der sich vom 40. Breitengrad südlich bis zum 40. Breitengrad nördlich des Äquators erstreckt, wächst Bambus in tropischen Wäldern bis 3000 m ü. M. Doch nur im asiatischen Raum wird er genutzt und kultiviert, von hier stammen auch – bis auf wenige Ausnahmen – die Arten, die im mitteleuropäischen Klima in Gärten gezogen werden können. In Südamerika, Afrika und Australien hat der Bambus keinerlei wirtschaftliche Bedeutung, aber dort findet man ausgesprochen interessante Arten, von kletternden und hängenden bis zu baumbewohnenden Bambus-Arten.

Als der Bambus nach Europa kam

Nach Europa kam der Bambus Mitte des vorigen Jahrhunderts. Seidenimporteure brachten die exotische Pflanze aus China und Japan nach Hause, schenkten sie den Fürsten ihres Landes oder reichen Auftraggebern, oder pflanzten sie in ihre eigenen Parks. Bezeichnenderweise findet man die ältesten Bambusbestände in Europa in hochherrschaftlichen Parkanlagen oder in Parks, die früher einmal in fürstlichem Besitz waren. Ein Beispiel ist der Schloßpark des Markgrafen von Baden in Baden-Baden, wo ein rund 80 Jahre alter Bambushain prächtig gedeiht. Da die europäischen Gärtner vom Bambus so gut wie nichts wußten – und die Männer, die den Bambus auf ihren Schiffen mitbrachten, noch weniger – wurde zu Anfang gepflanzt, was mit den Handelsschiffen aus dem Orient herüberkam. Die tropischen Arten überlebten schon den ersten Winter nicht, empfindlichere Arten gingen bereits auf der wochenlangen Schiffsreise zugrunde. Das führte dazu, daß jahrzehntelang nur einige winterharte *Phyllostachys*-Arten in Europa überlebten und groß wurden. Es war eine ungezielte, rein zufällige Auslese. In England mit seinem milden Klima und dem neidlos zugestandenen größeren gärtnerischen Geschick seiner Bewohner, sah man schon um die Jahrhundertwende eine größere Zahl von Gattungen und Arten als etwa in Deutschland.

Man kann den Bambus und seinen Einzug in Europa allerdings viel weiter zurückverfolgen als bis zu seiner »Einbürgerung« im vorigen Jahrhundert. Bereits 552 n. Chr wurden die ersten Seidenraupeneier in Bambusrohren von China nach Konstantinopel geschmuggelt. Die Mönche, die diese Bambusstöcke unter Lebensgefahr aus China herausbrachten, trugen dazu bei, daß die berühmte Seidenstraße, die jahrhundertelang ganz Asien durchzog, an Bedeutung verlor und schließlich ganz verschwand. Die Seidenraupenzucht wurde auf Europa ausgedehnt, China hatte nicht mehr das Monopol.

Lange, bevor man den Bambus in Europa und auch in Amerika als Zierpflanze einführte, erforsch-ten europäische Botaniker diese Pflanze. 1626 veröffentlichte der deutsche Botaniker G. E. Rumpf ein siebenbändiges Werk »Herbarium amboinense«. Darin sind bereits 24 Bambus-Arten beschrieben. Rumpf nannte die Pflanze damals allerdings »Rohrbäume«, der Name Bambus wurde erst später geprägt und zwar von dem Botaniker Linné (1707–1778). In Anlehnung an das indische Wort Mambu oder Bambu führte er, der in seinem Werk viele Bambus-Arten beschrieben hat, den Namen »Bambus« in die Naturwissenschaft ein. 1839 erschienen Veröffentlichungen von F. J. Rupprecht, 1868 von P. Munro – aber es waren immer nur Beschreibungen und Bestimmungen von tropischen Bambus-Gattungen und -Arten. Immerhin findet man auch schon 1871 in Meyers Konversations-Lexikon eine Kurzbeschreibung von Bambusa (Bambus).

Dann wurde das Interesse rege, denn die ersten Pflanzen waren in Europa eingetroffen, gediehen und fanden Bewunderer. 1906 wurde von dem belgischen Botaniker Lehaie eine Zeitschrift »Der Bambus« gegründet, in der schon von Versuchen von Akklimatisierung der Bambuspflanzen in Europa die Rede ist. Schon 1903 beschreibt Spörry 45 Gattungen, 1911 France 230 Arten. Vor allem in England war das Interesse an Bambus sehr rege. Das ist verständlich, denn die englischen Seefahrer bereisten alle Weltmeere und trieben eifrig Handel mit dem Orient. Doch auch in Frankreich begeisterten sich private Gartenbesitzer zunehmend für Bambus. Vor allem im Süden gediehen nämlich auch Arten, die im kühlen Norden Europas nicht überlebten.

Das Interesse eines unternehmungslustigen Franzosen am Bambus führte dazu, daß heute im südfranzösischen Prafrance, eine halbe Stunde von Nimes entfernt, ein »Wallfahrtsort« für Bambusfreunde aus ganz Europa entstand.

Dort stehen große Bambushaine, und viele Bambus-Arten sind zu bewundern, auch solche, die nur im milden Klima Südfrankreichs gedeihen. Von dort kommt auch ein großer Teil der Container-Pflanzen, die in Deutschland verkauft werden.

Diese wohl größte Bambus-Sammlung außerhalb des asiatischen Raumes hat eine bewegte Geschichte: Ende vorigen Jahrhunderts bereiste Eugene Mazel, ein wohlhabender Kaufmann aus Frankreich, China, um die Seidenraupenzucht zu studieren. Er war fasziniert vom Bambus und brachte auf seinem Schiff einige Pflanzen nach Frankreich. Er setzte sie in Cap Ferrat an der Côte d'Azur in die Erde und sah staunend, daß sie anwuchsen und sich vermehrten. Später kaufte er 40 Hektar Land in der Nähe der Stadt Anduze und staute den Gebirgsfluß Gardon, um seine Bambuspflanzen zu bewässern. Vierzig Gärtner waren zwanzig Jahre lang in dem immer größer werdenden Bambusgarten beschäftigt, dann geriet Mazel in finanzielle Schwierigkeiten und verlor seinen Besitz. Das Land wurde an einheimische Bauern verpachtet, deren Rinder die jungen Bambussprosse mit Hochgenuß verspeisten. Erst um die Jahrhundertwende fand sich wieder ein Bambusfreund, Gaston Nègre, der das Areal kaufte und alles daran

setzte, die Bambussammlung wieder instandzusetzen. Es dauerte zwei Generationen, bis die heutige Anlage in ihrer jetzigen Gestalt entstand. Die Enkelin von Gaston Nègre, Muriel Crouzet und ihr Mann Yves haben daraus ein echtes Mekka für Bambusfreunde gemacht.

Weniger spektakulär, doch nicht weniger erfolgreich sind Gartenfreunde in der Schweiz, vor allem im Tessin, in Italien und in anderen südlichen Gegenden Frankreichs, die viel Mühe und Sachkenntnis in ihre Bambusgärten investieren. Auch in Deutschland wissen Insider, wo man größere Bambusbestände findet – obgleich diese natürlich mit den Hainen ihrer asiatischen Heimatländer verglichen, winzig klein sind. Im neuen botanischen Garten in Hamburg zum Beispiel wurde ein informativer Bambus-Garten angelegt, in dem man sehr viele Gattungen und Arten zum Teil in imposanter Größe bewundern kann. Für jedermann zugänglich ist auch das Baumpark-Arboretum Ellerhoop zwischen Pinneberg und Elmshorn mit einer ganzen Reihe von Bambus-Arten. Im milden Klima der Insel Helgoland gedeihen sogar einige sehr dekorative, aber im übrigen Deutschland frostgefährdete Arten, z. B. der berühmte Schildkrötenbambus *Phyllostachys heterocycla* f. *heterocycla* 'Kiko'.

Links: Eingangsallee in Prafrance: *Phyllostachys viridis*
Oben: *Phyllostachys heterocycla* f. *pubescens* auf Cap Ferrat
Rechts: Bis zu 30 cm Durchmesser haben die Halme von *Dendrocalamus asper* in seiner Heimat

Gestalt und Aufbau der Bambuspflanze

Botanische Zuordnung

Bambus bildet eine Unterfamilie zur Familie der Süßgräser (Gramineae). Am Beispiel von *Phyllostachys nigra* 'Henonis' sei die Klassifizierung erklärt:

Familie	Gramineae (alt: Poaceae)
Unterfamilie	Bambusoideae
Gattung	*Phyllostachys*
Art	*nigra*
Varietät, Sorte	'Henonis'

Vereinfacht gesagt, zählt man zu »Bambus« alle Gräser, die baum- oder strauchartig beastet sind und verholzte Stämme haben. Auf der ganzen Welt gibt es nach dem derzeitigen Kenntnisstand etwa 115 Bambus-Gattungen und 1020 bis 1070 Bambus-Arten, wobei sich die Bambusforscher und Systematiker bis heute uneinig über die Zuordnung bestimmter Arten zu bestimmten Gattungen sind. Die exakte botanische Bestimmung des Bambus ist ohnehin schwierig, da er nur selten – manchmal in Abständen von 120 Jahren – blüht. Die botanische Systematik richtet sich aber nach dem Bau der Blüte. Doch auch mit Blüte lassen sich zum Beispiel die 400 *Sasa*-Arten nur schwer unterscheiden. Die Blätter verändern während der Blüte ihr Aussehen – das erleichtert die Zuordnung der Bambus-Arten nicht gerade.

Bambus zeigt auch nicht immer einen bestimmten charakteristischen Wuchs, denn dieser ist sehr abhängig von verschiedenen Standorten. An einem geschützten Platz mit günstigem Kleinklima kann die gleiche Art völlig anders aussehen, als an einem ungünstigen Platz mit schlechten Bodenverhältnissen und in ungeschützter Lage. Manchmal ist der Grund für die Veränderung auch gar nicht erkennbar. Ein Beispiel: Beim Schildkrötenbambus *Phyllostachys heterocycla* f. *heterocycla* 'Kiko', der in Asien verdickte Internodien, ähnlich wie ein Schildkrötenpanzer hat, wachsen in europäischen Gärten Teilstücke davon meist mit geraden Halmen. Die Ursache für die bauchigen Internodien ist unbekannt.

Zahlreiche Autoren in Amerika, Japan und England haben versucht, eine genaue botanische Bestimmung aller ihnen bekannten Bambus-Arten zu erstellen – ganz schlüssig und endgültig war niemals eine davon. Die Wissenschaftler können sich noch nicht einmal über die Klassifizierungsmethoden einigen.

Wie auf den vorangegangenen Seiten bereits mehrfach angesprochen, gerät jeder, der sich ernsthaft mit Bambus beschäftigt, früher oder später in Verwirrung, weil ein und dieselbe Bambus-Art oft zwei oder sogar noch mehr verschiedene Namen hat. Ganz besonders auffällig ist das bei den Gattungen *Arundinaria* und *Pleioblastus*. Eine Pflanze, die beispielsweise im botanischen Garten Hamburg unter der Bezeichnung *Arundinaria* geführt wird, steht im Gruga-Park in Essen unter dem Namen *Pleioblastus*, an einer anderen Stelle unter dem Namen *Thamnocalamus*. Der Grund für diese Verwirrung ist darin zu suchen, daß die Nomenklatur des Bambus immer noch im Fluß, noch nicht abgeschlossen ist. Zumal jetzt, da sich die Tore auch nach China öffnen, kommen von dort völlig neue Zuordnungen. Ein Beispiel: Der am stärksten verbreitete Bambus in Deutschland, *Sinarundinaria*, wurde erst Ende 1985 in China als *Fargesia* bestimmt und wird korrekterweise hier auch unter *Fargesia* beschrieben, auch wenn der Name *Sinarundinaria* bei uns allgemein geläufig ist und die Gattung sicher noch lange unter diesem Namen von Gärtnereien angeboten wird. In diesem Buch werden die Synonyme jeweils aufgeführt und sind im Zweifel über das Register zu finden. – Auch der Bambus, der erst vor wenigen Jahren als *Thamnocalamus spathaceus* eingeordnet wurde, ist hier ebenfalls unter *Fargesia* zu finden.

Mit der Nomenklatur des Bambus und der Zuordnung aller Synonyme und mit der Verbreitung beschäftigen sich seit Jahren Dieter Ohrnberger und Josef Goerrings in ihrem Werk »The Bamboos of the

World«. Es handelt sich dabei um eine bibliographische Enzyklopädie über alle Arten und ihre Verbreitung auf der Welt, wobei die gesamte wissenschaftliche Literatur über Bambus von Linné bis zur Gegenwart ausgewertet wurde.

Die dieser Arbeit zugrundegelegte systematische Klassifikation, insbesondere die Definition der Gattungen, folgt im wesentlichen den Auffassungen der heutigen Taxonomen, ohne daß eigene taxonomische Untersuchungen durchgeführt wurden. »The Bamboos of the World« erscheint in einzelnen Heften in englischer Sprache und ist bei jeglicher wissenschaftlicher Arbeit über Bambus sehr wertvoll, wenn nicht unverzichtbar.

Für manchen Gartenfreund allerdings, der einen oder mehrere Bambuspflanzen in seinem Garten haben möchte, sind diese genauen wissenschaftlichen Bestimmungen nicht so wichtig. Interessant aber muß es für ihn sein – und eine Voraussetzung zur richtigen Verwendung und Pflege der Bambuspflanze – etwas über Morphologie und Physiologie des Bambus zu erfahren.

Die äußere Gestalt

Bambus ist eine immergrüne Pflanze, sie verliert also nicht, wie unsere einheimischen Laubbäume, die Blätter im Herbst und treibt im Frühjahr neue aus. Die Bambusblätter bleiben in günstigen, durchschnittlich kalten Wintern grün. Im Frühjahr treiben die jungen Blätter, und nach und nach werden die alten Blätter dann abgestoßen. Diese Eigenschaft des Bambus macht ihn besonders reizvoll für unsere Gärten. Das zartgrüne Laub schmückt den Garten auch, wenn es draußen friert. Und im Schnee sieht ein Bambus ganz besonders schön aus.

Allgemein ist zu sagen, daß Bambus eine sehr widerstandsfähige und vitale Pflanze ist. Selbst wenn Halme und Blätter total geschädigt werden, erholt sich die Pflanze in aller Regel wieder, auch wenn es unter Umständen Jahre dauert, bis die ursprüngliche Größe wiedererlangt wird. Nach der Zerstörung von Hiroshima durch Kernwaffen gehörten die grünen Halme des Bambus zum ersten, was wieder zum Leben erwuchs.

Bambus hat noch eine andere Eigenschaft, die ihn von unseren heimischen Bäumen und Sträuchern unterscheidet. Der junge Trieb kommt bereits in der Dicke aus dem Boden, den das hochgewachsene Bambusrohr sein Leben lang – und das dauert immerhin etwa zehn Jahre – beibehalten wird. Bambus hat also kein Dickenwachstum wie etwa der Baum, dessen Stamm jedes Jahr sichtlich etwas dicker wird. Die Länge, die ein Halm im Jahr seines Wachstumes erreicht, ist auch seine endgültige Länge – er wächst nicht Jahr für Jahr ein Stückchen weiter. Dafür bilden sich bei jungen, sich gut entwickelnden Pflanzen, in den ersten zehn Jahren nach der Pflanzung Jahr um Jahr dickere und höhere neue Halme.

Die Zahl der Zweige allerdings erhöht sich jedes Jahr, dadurch nimmt auch die Zahl der Blätter zu, so daß manche Bambusarten richtiggehende Kronen oder »Schirme« ausbilden.

Grundsätzlich besteht eine Bambuspflanze aus folgenden Teilen: Dem unterirdischen Rhizom, dem Halm und den Zweigen. Alle diese Teile sind nach demselben Prinzip aufgebaut: Sie bestehen aus Segmenten (Internodien), die durch Knoten (Nodien) abgeschlossen sind. Die Internodien können, wenn sie sich einmal gestreckt haben, nicht mehr weiterwachsen. Die Nodien sind ein massives Gewebestück, das aus dem Scheidenring, dem Auge und dem Knotenring besteht. Der Scheidenring ist beim Halm die Ansatzstelle für die Halmscheide oder das Laubblatt, das sich wiederum jeweils aus Scheide und Spreite zusammensetzt. In der Scheide sind Wachstumshormone eingeschlossen, die das schnelle Wachstum der Internodien ermöglichen.

Aus dem Auge entwickelt sich eine neue Verzweigung – beim leptomorphen (langgestreckten) Rhizom entstehen daraus Halme oder neue Rhizome, beim pachymorphen (gedrungen wachsenden) Typ nur Rhizome. Der Knotenring ist die Ansatzstelle für die Wurzeln beim Rhizom, beim Halm bilden sich hier die Knospen für die Zweige, die ihrerseits wiederum nach demselben Prinzip gebaut sind. Die Spreiten der Hüllblätter bei den Zweigen sind die Blätter des Bambus.

Der Bauplan von unter- und oberirdischem Teil des Bambus ist also weitgehend identisch. Entsprechend verläuft auch das Wachstum: Sind die Halme auf volle Länge gewachsen, entwickeln sich die Zweige und Blätter. Ist diese Wachstumsphase abgeschlossen, beginnt unterirdisch das Wachstum der Rhizome. Ist dies beendet, bilden sich bereits schon wieder die Augen für neue Rhizomteile und Halme, Knospen für neue Zweige und Wurzeln.

Das Rhizom

Die Bambushalme wachsen also aus einem unterirdischen Rhizom, das alljährlich im Frühsommer, wenn das Halm- und Zweigwachstum abgeschlossen ist, unter der Erde weiterwächst und sich verzweigt. Diese Rhizome sind oftmals so stark verflochten, daß man den Eindruck hat, die ganze Erde unter dem Bambus bestünde nur aus Rhizomen und zwar je nach Gattung bis zu 1 m tief. Es wird berichtet, daß Menschen in Japan bei einem Erdbeben in die Bambushaine flüchten, weil kein Erdbeben in der Lage sei, die Rhizome eines dichten Bambushaines auseinanderzureißen.

Die Rhizome wachsen, sich ständig verzweigend, immer weiter. Der Wachstumspunkt aus zellteilungsfähigem Gewebe befindet sich in der Spitze einer jeden Triebachse und bildet durch Zellteilung immer neues pflanzliches Gewebe, das abwechselnd zu Nodien und Internodien differenziert wird.

Man unterscheidet zwei verschiedene Wuchsformen von Bambussen: Horstbildende, sympodial wachsende Bambusse und Ausläufer treibende oder monopodial wachsende Bambusse. Die unterschiedliche Wuchsform zeigt sich auch an den Rhizomen. Horstbildende Bambusse haben ein pachymorphes, das heißt ein kurzes, gestauchtes Rhizom, Ausläufer bildende Bambus-Gattungen ein leptomorphes, das heißt ein langgestrecktes, schlankes Rhizom. Horstige Bambusse mit pachymorphem Rhizom sind meist tropischer Herkunft, bei uns zum Beispiel gedeihen *Bambusa*, *Thamnocalamus*, *Fargesia* und *Chusquea*. Zu den nicht horstigen, also Ausläufer treibenden Bambus-Gattungen gehören zum Beispiel *Phyl-*

Pachymorphes Rhizom. Bambusarten mit pachymorphem Rhizom wachsen horstig. Die kurzen, dicken, meist halbmondförmigen Rhizome wachsen nach oben und bilden einen Halm. Seitlich an den Nodien sind die Augen, aus denen wiederum neue Rhizome entstehen, die mit einem kurzen Stiel mit dem alten Rhizom verbunden sind.

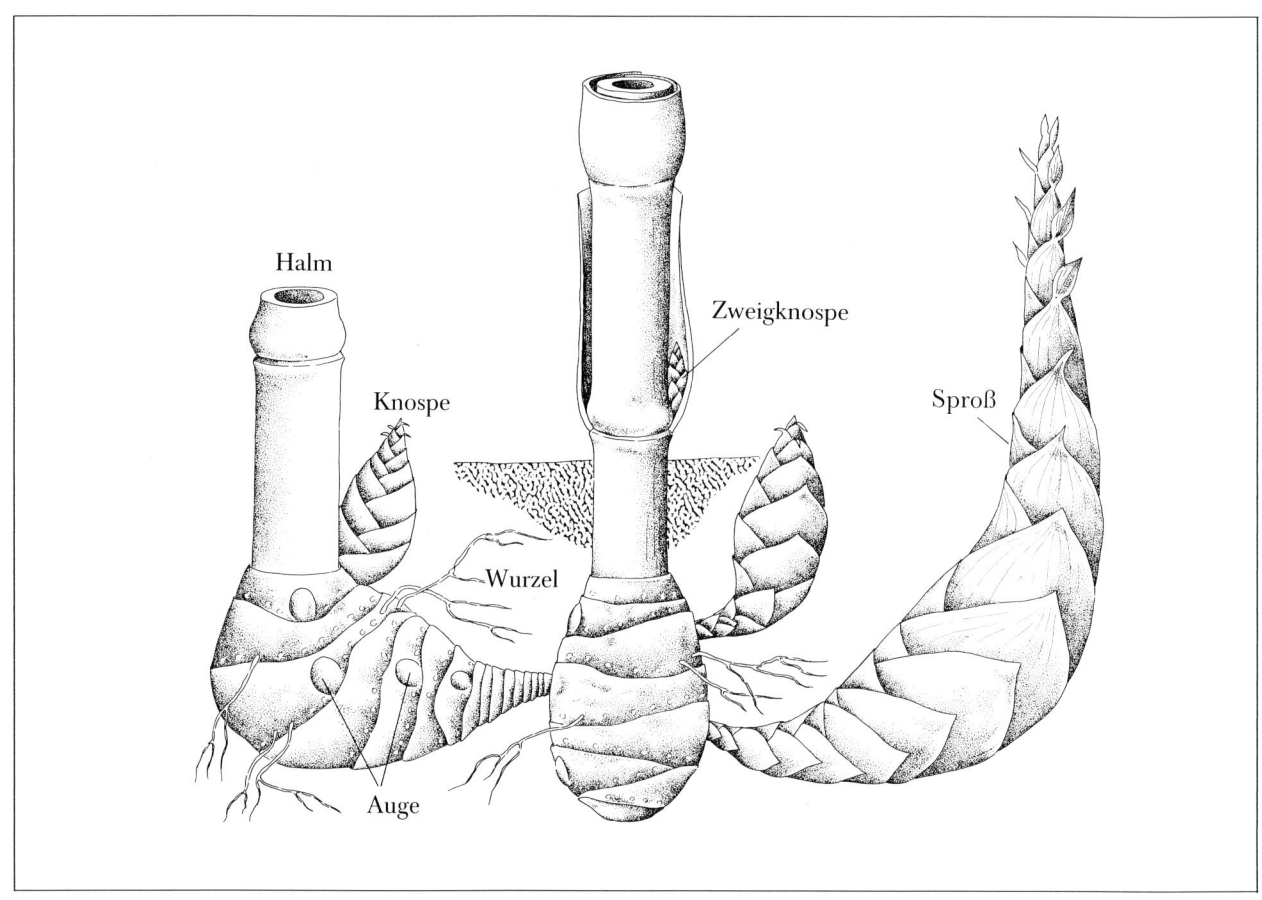

lostachys, Pleioblastus, Chimonobambusa, Arundinaria und alle *Sasa*-Arten.

Die Bambus-Rhizome sind, genau wie die heranwachsenden Halme, durch Scheidenblätter geschützt. Diese eng am Rhizom anliegenden Hüllblätter umgeben das während des Wachstums sehr weiche Gewebe mit einem harten schützenden Mantel. Ist die Schutzfunktion nicht mehr notwendig, und das ist der Fall, wenn das Rhizom selbst sich verfestigt hat, welken diese Hüllblätter und faulen ab. Man wird also diese Schutzhüllen immer nur an den jungen Rhizomen finden. Die Wurzeln setzen am Knotenring an und versorgen das Rhizom mit Wasser und Nährstoffen. Bei manchen Bambus-

Bambus-Rhizom, zur Demonstration freigelegt

Arten können die Wurzeln über vier Meter lang und verzweigt werden, bei anderen Arten sind sie nur wenige Zentimeter kurz und dünn.

Das pachymorphe Rhizom

Horstige Bambus-Gattungen mit sympodialem Wuchs haben pachymorphe Rhizome. Die Rhizome sind dick und kurz, meist halbmondartig nach oben gebogen und nicht hohl. Die Internodien sind sehr kurz, sie wirken wie gestaucht. Aus den Augen des pachymorphen Rhizoms entwickeln sich nur neue Rhizome. Die Rhizome selbst wachsen nach oben und bilden einen neuen Halm, der hohl ist. Meist ist das Rhizom dieses Bambus-Typs dicker, als das Rohr selbst. An den Knoten der Halme einiger sympodial wachsender Bambus-Gattungen erkennt man noch kurze Wurzelansätze. Es liegt also auf der Hand, daß sich das pachymorphe Rhizom nicht weit ausbreitet, die Pflanze streng horstig bleibt, denn die kurzen Rhizome wachsen ja immer nach oben, die neuen Rhizome bleiben eng bei den Rhizomteilen, aus denen sie ausgetrieben haben. Ein sympodial wachsender Bambus hat folglich dicht beisammenstehende Halme und vergrößert sich gleichmäßig in seinem Umfang. Er geht aber niemals »von der Stelle«.

Das leptomorphe Rhizom

Ausläufer bildende Bambus-Gattungen mit monopodialem Wuchs haben leptomorphe Rhizome. Diese Rhizome sind lang und schlank und wachsen immer horizontal weiter. Im Gegensatz zum pachymorphen Rhizom ist hier der Halm dicker als das

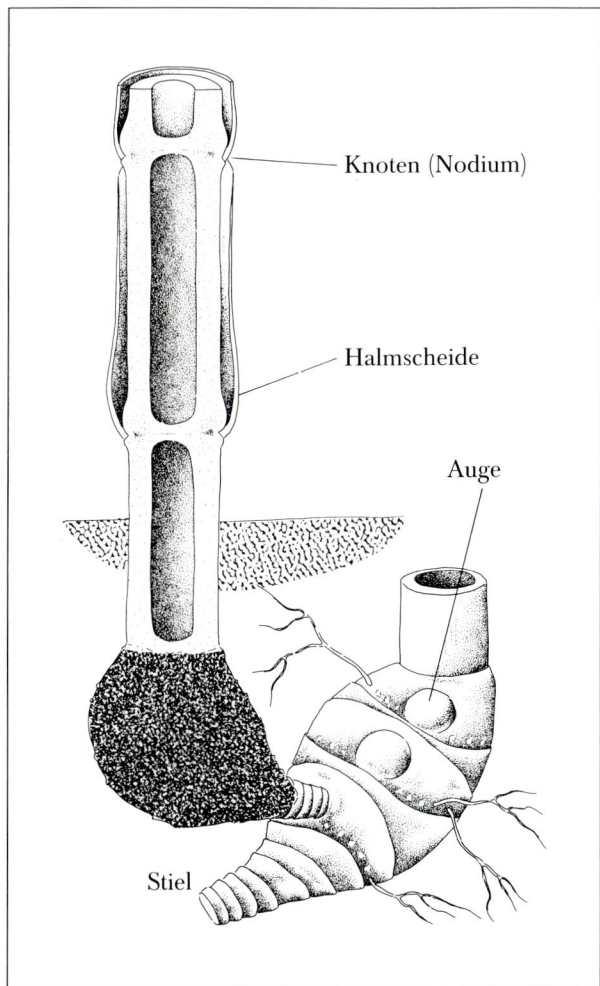

Knoten (Nodium)

Halmscheide

Auge

Stiel

Halm eines horstig wachsenden Bambus. Der Schnitt durch den Halm zeigt, daß der Halm beim Bambus mit pachymorphem Rhizom deutlich dünner ist als das Rhizom, aus dem er wächst. Die Halmscheiden entwickeln sich aus dem Scheidenring auf dem Knoten, der den Halm in Segmente teilt.

Rhizom selbst. Die Halme wachsen aus den Augen, die wechselständig, also abwechselnd rechts und links in den Knoten angelegt sind. In großen Plantagen in Asien kann man das genau beobachten: Entlang einem unterirdischen Rhizom wachsen die Halme heran, wie zu beiden Seiten eines Weges. Bei den kleineren Bambuspflanzen in unseren Gärten wird man das nicht so genau beobachten können. Die ausläuferbildenden Arten bilden kein so dichtes Rhizomsystem, wie das bei den horstigen Arten der Fall ist, weil die Rhizome länger sind und sich über eine größere Fläche ausbreiten. Erst wenn ein Bestand schon mehrere Jahre oder gar Jahrzehnte alt ist, wird das Rhizomgeflecht sehr dicht. Das leptomorphe Rhizom wächst waagrecht im Boden und oft sehr stürmisch über viele Meter. Oft liegt es dicht unter der Oberfläche. Man sollte deshalb diese Pflanzen im Herbst besonders gut mit Laub oder Stroh abdecken, damit die knapp unter dem dem Boden liegenden Augen des Rhizoms nicht erfrieren.

Wenn aus irgendeinem Grund ein leptomorphes Rhizom ans Licht kommt – entweder durch Grabarbeiten oder wenn es an einem Abhang waagrecht aus der Erde wächst, bildet sich, entgegen der Regel, aus der Spitze des Rhizoms ein Halm. Man kann einen Halm, der so entstanden ist, leicht erkennen. Er ist unten leicht gebogen, weil er ja nicht wie ein normales Bambusrohr aus dem Auge entstanden ist.

Die Arten, die sich für die Pflanzung im Freien eignen, bilden alle Ausläufer – Ausnahme: die Gattung *Fargesia*. Alle anderen horstigen Arten sind nicht winterhart und müssen als Kübelpflanze oder im Kalthaus gehalten werden.

Leptomorphes Rhizom. Es wächst horizontal und ist lang, schlank und deutlich dünner als die oberirdischen Halme. Aus den Augen des Rhizoms können sich Halme oder neue Rhizome entwickeln.

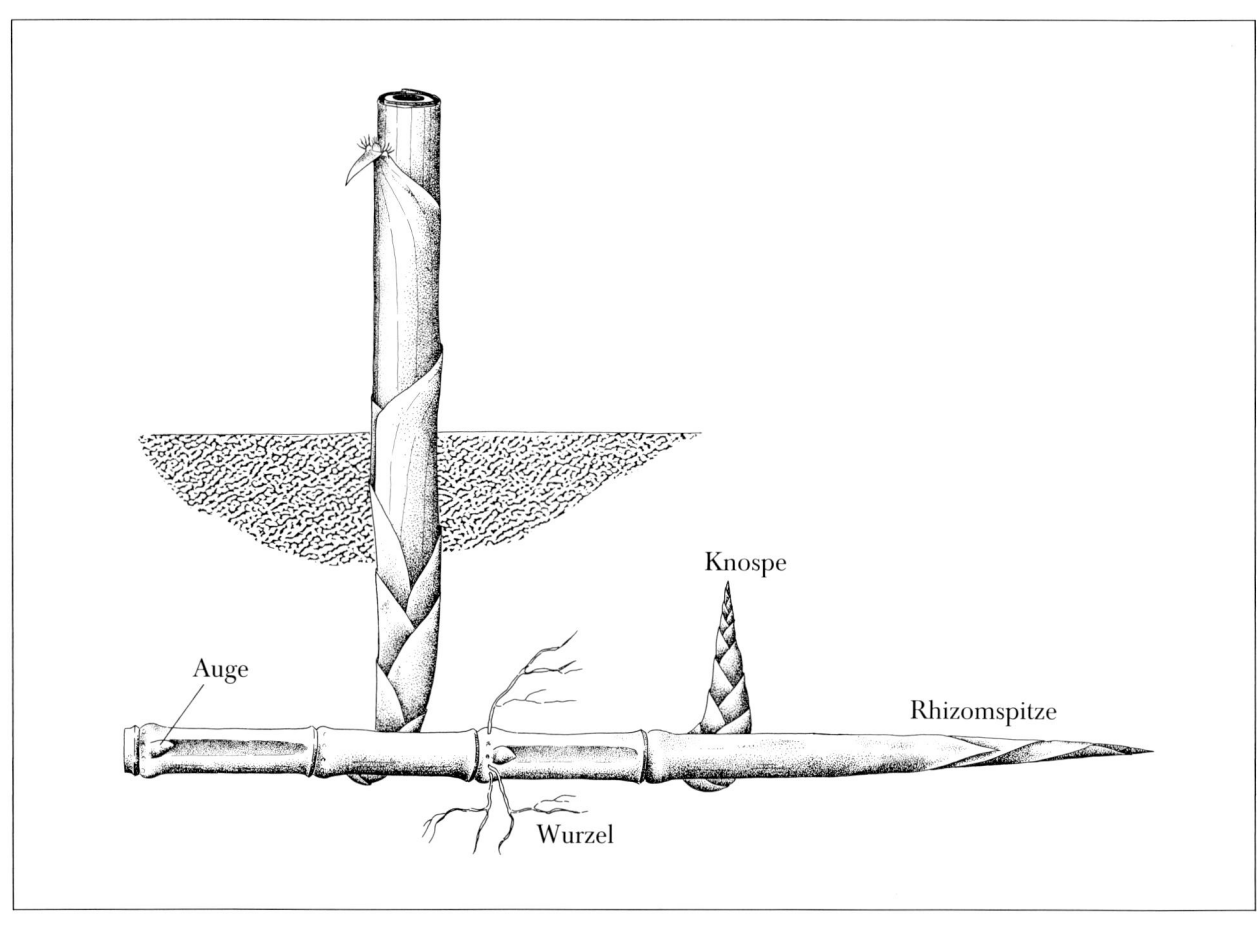

Auge

Knospe

Rhizomspitze

Wurzel

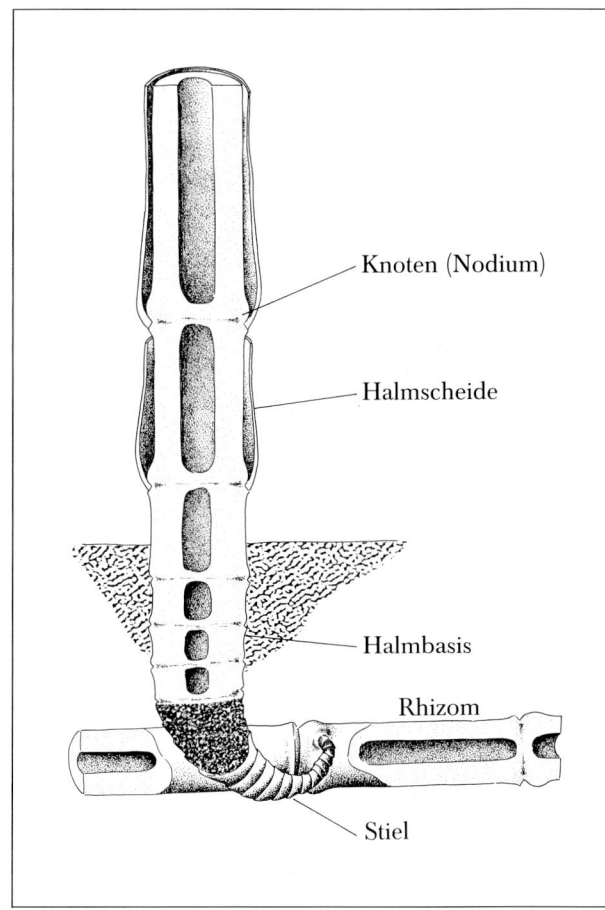

Knoten (Nodium)

Halmscheide

Halmbasis

Rhizom

Stiel

Halm eines ausläuferbildenden Bambus. Er entspringt aus einem Auge am Knoten des Rhizoms und hat, im Vergleich zum pachymorphen Rhizom, einen langen Stiel. Der Halm ist immer deutlich dicker, als das Rhizom. Die Zeichnung macht deutlich, daß Halm und Rhizom im Baumuster gleich sind.

Übergangsformen

Außer den beschriebenen Extremen pachymorph und leptomorph gibt es, wie überall in der Natur, fließende Übergänge und Mischformen. Abhängig von den Standortbedingungen können alle möglichen Rhizomformen ausgebildet werden.

Mancher Gartenbesitzer wird sich – in Kenntnis der Merkmale sympodialer und monopodialer Wuchsformen – wundern, wenn etwa sein *Phyllostachys* ausgesprochen sympodiale Merkmale zeigt. Oder wenn er, beim Ausgraben eines als sympodial eingestuftes Bambus nach Jahren plötzlich langgestreckte Rhizome entdeckt. Der Grund dafür ist, daß sich Bambus von Natur aus gut anpassen kann.

Ein nur unzureichend ernährter Bambus, der eigentlich Ausläufer bilden sollte, kann durch sehr kurze Rhizome wie ein sympodialer Bambus aussehen. Rhizome brauchen zur optimalen Entwicklung gut durchlüftete und wasserdurchlässige Böden; in schwerem Lehm, zum Beispiel, können normalerweise schnell Ausläufer bildende Arten über lange Zeit horstig bleiben. Das gilt auch für Pflanzen, die in einem Kübel oder Container gepflanzt oder anderweitig stark begrenzt sind.

Pflanzt man andererseits ein pachymorphes, also ein kurz und dick wachsendes Rhizom zu tief in den Boden, bilden sich, wenn man Glück hat, erst einmal langgestreckte Achsen aus, bis die optimale Stelle gefunden ist, von wo aus die Halme aus der Erde wachsen können. Einfach ausgedrückt: Ein zu tief geratenes Rhizom muß sich erst einmal soweit nach oben strecken, daß es überhaupt Halme bilden kann. Ist die richtige Höhe erreicht, wachsen ganz normale pachymorphe Rhizome weiter. Allerdings kann man sich bei den bei uns kultivierten Bambuspflanzen auf diesen Vorgang nicht immer verlassen. Die Wahrscheinlichkeit, daß ein zu tief gepflanzter Bambus mit pachymorphem Rhizom einfach eingeht, ist größer, als daß sich ein Übergangsrhizom bildet. Am natürlichen Standort aber, wo Bambus bessere Voraussetzungen hat, kann man dieses Phänomen oft beobachten.

Der Halm

Der Bambushalm oder das Bambusrohr bietet die beste Unterscheidungsmöglichkeit der verschiedenen Arten. Er gibt der ganzen Pflanze ihren Charakter. Es gibt Bambus-Arten, deren Halme viele Meter hoch werden und Arten, deren Halme nur zehn Zentimeter kurz bleiben. Es gibt dicke und dünne Halme, streng aufrechtwachsende und solche, die sich graziös neigen. Normalerweise ist ein Bambushalm grün, aber es gibt auch gelbe, braune, schwarze, rötliche, gefleckte, gestreifte und bemehlte Bambushalme.

Der normale Bambushalm ist, wie bereits gesagt, in viele Segmente aufgeteilt, die Internodien. Zwischen ihnen stabilisieren die Nodien, flache feste Knoten, den Halm, wie man es auch beim Grashalm oder Getreide beobachten kann. Nodien und Internodien wechseln bei den meisten Bambusarten in gleichmäßigen Abständen, aber auch hier gibt es

Ausnahmen. *Phyllostachys aurea* zum Beispiel hat oft im unteren Teil des Halmes schräge, unregelmäßige Nodien. In Japan wächst der Kikko-chiku (*Phyllostachys heterocycla* 'Kiko'), der auch Schildkrötenbambus genannt wird. Seine Nodien werden nicht waagrecht, sondern in einem Winkel von 45 Grad zum Rohr ausgebildet. Dadurch erscheint der Halm in Segmente aufgeteilt, die wie kleine Schildkrötenpanzer aussehen.

Während Bambusrohre in aller Regel rund sind, ist das Rohr von *Chimonobambusa quadrangularis* andeutungsweise quadratisch, wie der lateinische Name das ja auch sagt. Bei dieser Art bilden sich an den basalen Knoten kleine Luftwurzeln.

Die Internodien der meisten Bambus-Arten sind hohl. Doch auch hier gibt es Ausnahmen, zum Beispiel die Halme von *Chusquea*, einem Bambus aus Mittel- und Südamerika. Die Internodien seiner Halme sind nicht hohl.

In Asien ist der Halm der wichtigste Teil des Bambus, weil ja aus ihm all die vielen und vielfältigen Gegenstände des täglichen Lebens hergestellt werden. Man spricht deshalb auch vom »Holz« des Bambus. Aus Holz aber im strengen Sinne ist der Bambushalm nicht. Wohl besteht er aus Cellulosefasern, wie das Holz eines Baumes. Aber die Fasern des Bambus sind bis 1 cm lang, die im Holz der Bäume in der Regel nur einen Millimeter. Die langen Cellulosefasern des Bambus sind mit Lignin und Silicat (Kieselsäure) versetzt, beim Holz im herkömmlichen Sinne nur mit Lignin. Nach dem Verbrennen von Bambushalmen kann man den Anteil der Kieselsäure in der Asche messen. Sie beträgt bis zu fünf Prozent und steigt, je jünger der Teil des Bambus ist.

Das Wachstum des Halmes

Der Bambushalm wächst, wie schon geschildert, bei horstigen Arten aus dem Ende eines Rhizoms, bei den ausläuferbildenden Arten aus einem Auge des Rhizoms heran. Im Rhizom werden im Sommer und Herbst alle Stoffe gespeichert, die vonnöten sind, damit die Halme im nächsten Frühjahr mit großer Geschwindigkeit heranwachsen können. Diese Reserven sind vor allem Assimilate, also von der Pflanze synthetisierte Bausteine für das Gewebe. Die Sprosse, in denen bereits alle Teile des Halmes enthalten sind, bilden sich bereits im Herbst unter der Erde. Diese Sprosse sind eßbar.

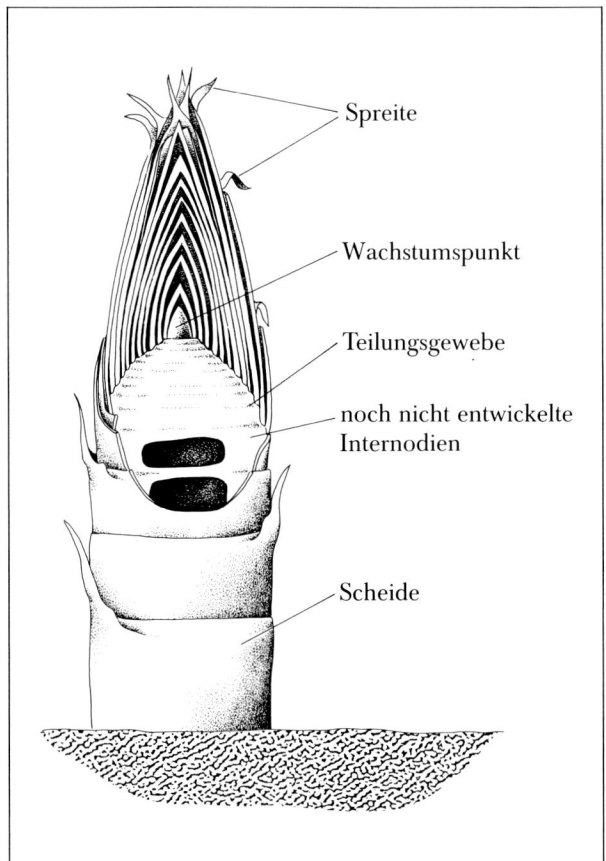

Spreite

Wachstumspunkt

Teilungsgewebe

noch nicht entwickelte Internodien

Scheide

Bambussproß. So dick, wie später der Bambushalm sein wird, kommt der Sproß aus der Erde. Im Sproß sind bereits die Internodien angelegt. Sie schieben sich während des Wachstums teleskopartig auseinander, geschützt von den Halmscheiden. Die Halmscheide schützt auch den Wachstumspunkt, teilungsfähiges Gewebe, das Zellen produziert und differenziert. Die kleinen abstehenden Blättchen an der Spitze des Sprosses sind die Spreiten der Blattscheiden.

Zur artspezifischen Austriebzeit schieben sich die Sprosse aus dem Boden, je nach Art sehr dicht oder in eher lockerer Formation. So dick, wie der Sproß aus der Erde kommt, wird später der Bambushalm. Je nach Art und Alter der Pflanze wird er so dünn wie Gras oder unter Umständen dick bis zu einem Durchmesser von 25 cm. Ob der Halm später zehn oder vierzig Internodien hat – sie sind alle bereits fix und fertig im Sproß ausgebildet und schieben sich nun sehr schnell teleskopartig auseinander. Wenn der Sproß aus der Erde kommt, sieht man an seinem oberen Ende kleine wechselständige Blättchen. Das sind die Spreiten der Halmscheiden, von denen die Internodien umschlossen sind. Die

Funktion dieser Halmscheiden ist dieselbe, wie bei den Rhizomen. Sie schützen den weichen sich herausschiebenden Halm und enthalten Wuchshormone. Entfernt man während des Heranwachsens des Halmes diese Halmscheiden, hört das Wachstum des Internodiums auf. Auf diese Weise kann man einen Bambus als Bonsai heranziehen (Seite 122). Wird die Spitze eines Bambussprosses abgeschnitten, bevor er sich fertig gestreckt hat – etwa wenn man mit dem Rasenmäher darübergeht – stirbt der Halm ab. Wird der Halm gestutzt, wenn die Zweige schon ausgebildet sind, verzweigt er sich stärker.

Der Bambussproß wächst sehr schnell, vor allem in den ersten Wochen. Es ist interessant, neben einen heranwachsenden Sproß eine Meßlatte zu stek-

Schöne Bambushalme. Von links nach rechts: *Phyllostachys aurea, Chimonobambusa quadrangularis, Phyllostachys nigra, Phyllostachys bambusoides* 'Violascens', *Phyllostachys nigra* f. *boryana, Phyllostachys viridis* 'Robert Young', *Phyllostachys bambusoides*

ken. Man wird überrascht feststellen, daß man Tag für Tag mehrere Zentimeter Zuwachs registrieren kann – bei großen Bambus-Arten an günstigen Standorten sogar 20 bis 40 cm am Tag.

Je nach Länge der Halmscheide schiebt sich gegen Ende des Längenwachstums ein arttypisch langer Teil des Internodiums oben aus der Halmscheide heraus, weil diese ihr Längenwachstum früher einstellt. Ist das Längenwachstum des Halmes beendet, vertrocknen die Halmscheiden und spreizen sich vom Halm ab. Da diese Halmscheiden meist sehr hübsch gefärbt sind – bei einigen *Phyllostachys*-Arten sind sie rötlich und wie lackiert, bei anderen wieder mehr oder weniger behaart – gibt das im Gegensatz zum grünen Halm und zu den grünen Blättern einen sehr hübschen Kontrast. Bei den meisten Bambus-Gattungen fallen die Halmscheiden bald ab, bei einigen wenigen, zum Beispiel *Pseudosasa* und *Sasa* bleiben sie bis zu zwei Jahre oder länger am Halm hängen.

Die Halmscheide setzt sich aus der Scheide und der Spreite zusammen. Der Spreite ist ein kleines, schmales Blättchen, das an der Spitze der Halmscheide abgeknickt hängt. Am Übergang zwischen Scheide und Spreite sind bei vielen Bambus-Arten Öhrchen mit Wimpern, oft auch gefranste Zungen. Bei manchen Arten fehlen diese Öhrchen allerdings. Die Spreite der Halmscheide wird am Halm von unten nach oben immer größer. Bei vielen *Phyllostachys*-Arten ist die Spreite bereits im Sproß komplett entwickelt. Das bedeutet, daß sie dort auf kleinstem

Raum »zusammengefaltet« ist. Deshalb haben diese Spreiten, wenn sie sich abspreizen, oft nicht nur hübsche Farben, sondern auch ganz interessante Formen. Manche sehen aus wie zerknittert, andere wie plissiert, wieder andere sind gewellt.

Bei *Phyllostachys* wird man im Halm über den Seitenästen immer eine sehr ausgeprägte Kerbe, den Sulcus, in der ganzen Länge der Internodien bemerken. Bei *Semiarundinaria* nur in etwa der Hälfte, und zwar in der unteren Hälfte des Internodiums. Die Ursache: Bei diesen Gattungen sind bereits im Sproß auch die Knospen für die Zweige angelegt. Wenn sich die Internodien auseinanderschieben, drückt diese Knospe die Kerbe in den noch sehr weichen Halm unter der Halmscheide.

Einige Bambus-Arten, wie *Fargesia nitida* und *Chimonobambusa*, bilden in einer Vegetationsperiode nur den Halm, keine Zweige und Blätter. Diese entfalten sich erst im Jahr darauf. Der Anblick dieser Pflanzen ist ganz charakteristisch: Oben ragen die nackten, spitz zulaufenden langen Halme, von denen nur die kleinen Spreiten der Halmscheiden ab-

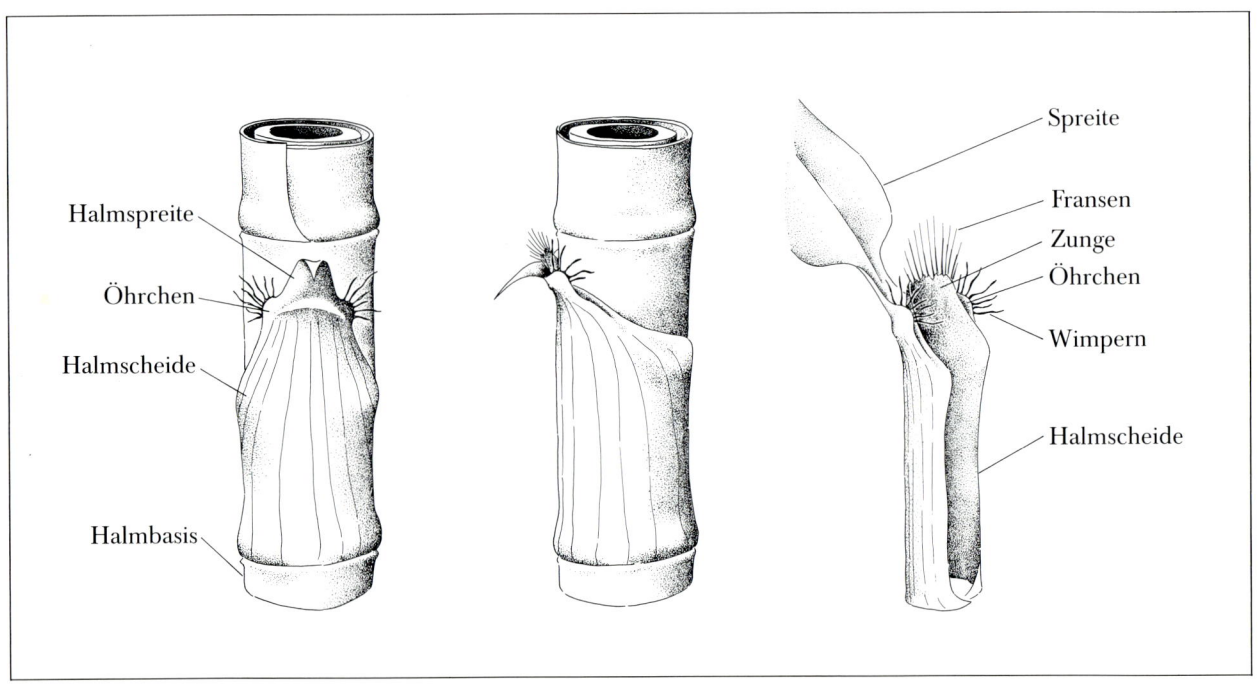

Halm mit Scheide und Spreite. Die Halmscheide entwickelt sich aus dem Scheidenring auf dem Knoten. In den ersten Tagen, wenn das herauswachsende Internodium noch jung und weich ist, wird es von der Halmscheide geschützt. Ist das Wachstum des Internodiums beendet, vertrocknet die Halmscheide, wobei sie sich oft sehr schön verfärbt. Sie bleibt je nach Art unterschiedlich lang am Halm erhalten.

Die Halmscheide wird durch die Spreite verlängert, ein kleines Blättchen, das um so größer ist, je höher am Halm sich die Halmscheide befindet. An den Zweigen schließlich ist die Spreite so groß, daß sie das »Blatt« des Bambus bildet. Zwischen Scheide und Spreite sitzt die Zunge mit Fransen, Öhrchen und Wimpern, die bei manchen Bambusarten sehr ausgeprägt, bei anderen kaum sichtbar sind.

Phyllostachys bambusoides in einer Tempelanlage in Kyoto, Japan

Phyllostachys heterocycla f. *heterocycla* 'Kiko',
der Schildkrötenbambus

Knospe schon von Anfang an im Sproß ausgebildet. Aus diesem Grund treiben die Zweige dieser Gattungen bereits während des Längenwachstums aus. Bei den meisten anderen Bambus-Gattungen bilden sich die Zweige erst, wenn der Halm das Längenwachstum eingestellt hat. Bei manchen, wie *Fargesia* oder *Chimonobambusa marmorea*, werden die Zweige erst nach zwei bis drei Monaten oder gar erst im nächsten Frühjahr gebildet. Ob sich die Zweige am Halm von oben nach unten oder von der Basis nach oben entfalten, ist ein Unterscheidungsmerkmal der verschiedenen Bambus-Gattungen. Einige Gattungen, etwa *Sasa*, *Sasaella* und *Pseudosasa*, treiben nur im oberen Teil des Halmes Zweige, andere wiederum sind von der Halmbasis bis zur Spitze bezweigt, das allerdings hängt zum Teil auch davon ab, ob die Pflanze während des Halmwachstums genügend Licht bekommt.

Ein wichtiges Unterscheidungsmerkmal der Bambus-Gattungen ist die Anzahl der Zweige, die

stehen, aus dem sonst dicht belaubten Bambushorst heraus. Diese unbelaubten Halme sind bei *Fargesia nitida* einigermaßen winterhart. In kühlen Sommern bilden sich auch bei *Fargesia murielae* ausschließlich unbelaubte Halme, die später als üblich aus dem Boden kommen. Diese aber sind »unreif« und überstehen Fröste kaum. *Chimonobambusa marmorea* und *C. quadrangularis* können je nach klimatischen Bedingungen sogar noch im September neue Halme bilden. Wenn sie dem Frost nicht zum Opfer fallen, entfalten sie im nächsten Frühjahr ihre Zweige und Blätter.

Die Zweige

Während der Halm des Bambus heranwächst, gut geschützt in der Hülle der Halmscheidenblätter, bilden sich an den Nodien bereits die Knospen für die Zweige. Bei *Phyllostachys* und *Semiarundinaria* ist die

Phyllostachys flexuosa

sich aus den Augen an den Nodien entwickeln, obwohl es auch hier immer wieder Abweichungen gibt. Nur einen Zweig pro Nodium bilden alle *Sasa*-Arten aus, auch *Pseudosasa* und *Sasaella* (bei dem man aber hin und wieder auch zwei bis drei Zweige beobachten kann). In aller Regel zwei Zweige pro Internodium hat *Phyllostachys* und zwar einen starken Zweig und einen, der nur etwa zwei Drittel so stark ist. Manchmal bildet sich zwischen diesen beiden Zweigen noch ein dritter, kleinerer Zweig. Doch wenn man genau hinschaut, stellt man fest, daß dieser kleine Zweig aus einem Auge eines der beiden Zweige entsproßt. An großen *Phyllostachys*-Pflanzen beobachtet man unten an den Halmen oft nur einen einzigen Zweig aus einer Knospe. Ursprünglich waren es einmal zwei, aber durch Lichtmangel inmitten der dichten Pflanze ist einer davon so geschwächt worden, daß er abgestorben ist. Die Gattungen *Pleioblastus*, *Semiarundinaria*, *Sinobambusa* und *Chimonobambusa* bekommen drei Zweige pro No-

Phyllostachys nigra, besonders reizvoll durch seine schwarzen Halme

dium, *Arundinaria* und *Fargesia* drei bis sechs Zweige. Sieben bis neun Zweige pro Knospe zählt man bei *Dendrocalamus* und bei *Bambusa*. Viele dünne Zweige hat Fargesia und wie ein Kranz bilden sich bis zu 50 Zweige rund um die Nodien bei *Chusquea*.

Wenn man allerdings die Verzweigungen an den Nodien genau betrachtet, vor allem bei Bambus-Gattungen, die viele Zweige treiben, stellt man fest, daß im Grunde gar nicht alle Zweige direkt aus den Augen an der Basis des Internodiums entspringen. Oft kommt nämlich ein Teil der Zweige schon wieder aus den Augen der ersten Zweige, die aber so stark gestauchte Internodien haben, daß es aussieht, als seien alle Zweige aus ein und derselben Knospe entsprungen.

An den Zweigen bilden sich die Blätter und bereits die Knospen für die Zweige, die im nächsten Jahr austreiben. Solange der Halm lebt, und das sind immerhin acht bis zehn Jahre, bilden sich in jeder Vegetationsperiode neue Zweige. Die Zweige

Bambusa glaucescens 'Alphons Karr'

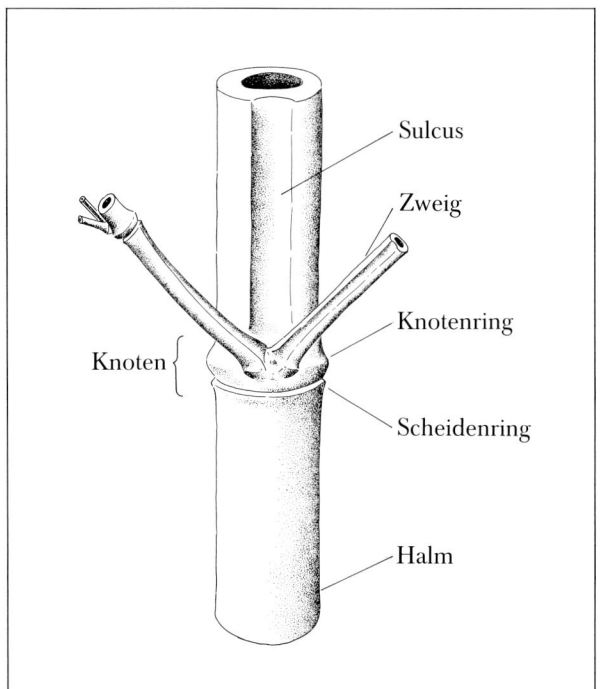

höherer Ordnung werden, zum Beispiel bei *Phyllostachys* kürzer, die alten Zweige sterben ab. Das hat zum Ergebnis, daß das Erscheinungsbild älterer *Phyllostachys*-Halme struppig ist – man kann das aber auch bei anderen Bambus-Gattungen beobachten.

Die Blätter

Das Bambusblatt wächst nicht, wie etwa bei einer Buche oder einem anderen Laubbaum, aus einer Knospe heraus. Das Bambusblatt entspringt am Scheidenring, der ganz um den Halm herumreicht. Der untere Teil des Blattes, die Scheide, ist eng um den Zweig gerollt, die Spreite steht ab und ist als Blattfläche sichtbar. Das Blatt eines Laubgehölzes sitzt dagegen nur mit einem Stiel am Zweig und steht mit seiner ganzen Fläche ab. Halme und Zweige des Bambus sind im Bau gleich. Aber wäh-

Halm von *Phyllostachys* mit Sulcus, eine im Halm über den Seitenästen über das ganze Internodium gehende Kerbe. Bei *Semiarundinaria* geht der Sulcus nur über die untere Hälfte des Internodiums. Bei diesen Bambus-Gattungen ist die Knospe, aus der sich die Zweige entwickeln, bereits im Sproß angelegt. Sie drückt während des Längenwachstums des Halms eine Kerbe in das weiche Internodium.

Verzweigung bei Bambus. Die Anzahl der Zweige ist ein wichtiges Unterscheidungsmerkmal verschiedener Bambusgattungen. *Sasa* hat nur einen Zweig pro Nodium, bei *Phyllostachys* bilden sich zwei starke Zweige und – oft – ein dritter schwacher Zweig, der allerdings aus dem Auge eines der beiden Zweige wächst. Drei bis sechs Zweige beobachtet man bei *Fargesia* und *Arundinaria*.

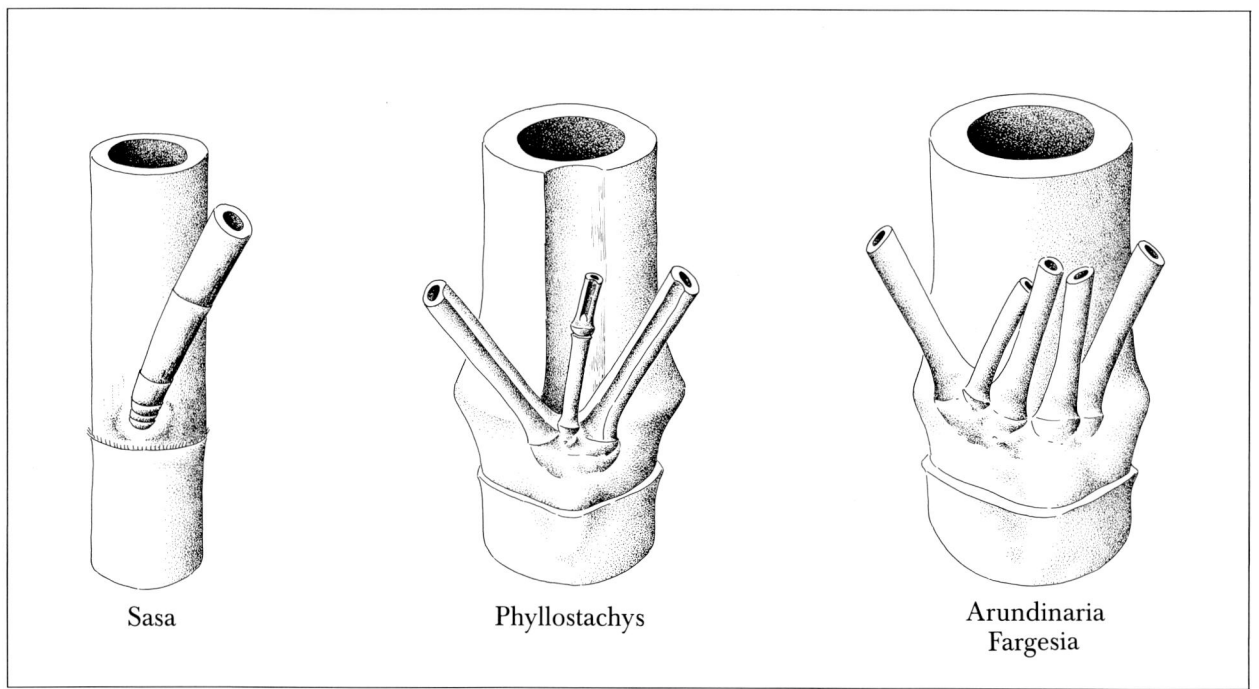

Sasa

Phyllostachys

Arundinaria
Fargesia

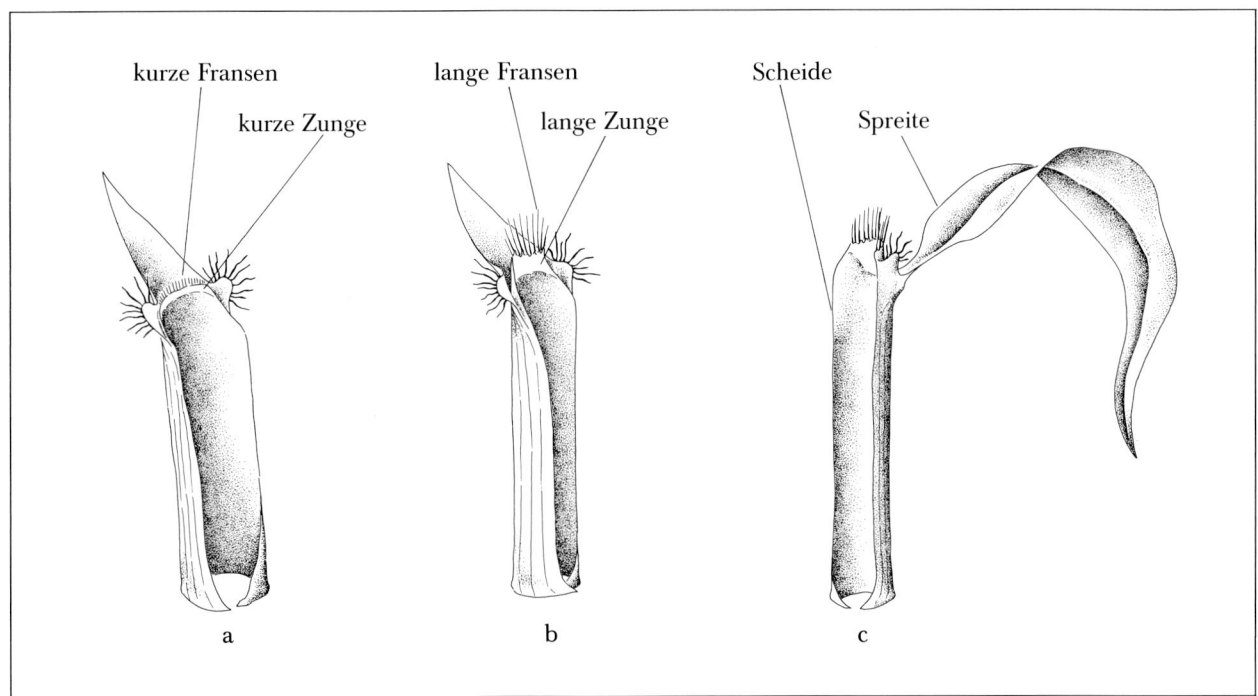

kurze Fransen

kurze Zunge

lange Fransen

lange Zunge

Scheide

Spreite

a

b

c

Wimpern und Fransen. Der Übergang von der Scheide zur Spreite ist mit einer Zunge mit Fransen und zu beiden Seiten der Zunge, mit Öhrchen und Wimpern gekennzeichnet. Wimpern und Fransen verhindern, daß Regenwasser in die Blattscheide läuft. Öhrchen und Wimpern, Zunge und Fransen sind bei verschiedenen Arten unterschiedlich lang. Während bei den Halmscheiden (a und b) die Spreite relativ kurz ist, bildet sich an den Zweigen die Spreite zum Blatt aus (c).

rend am Halm die Scheiden abfallen, nachdem sich die Internodien gestreckt haben, sind die Internodien der Zweige kurz, die Scheiden stecken ineinander, die Spreiten sitzen an deutlich sichtbaren Stielen und bilden die »Blätter« des Bambus. Bei einigen Gattungen, und auch bei einigen Unterarten kann man beobachten, daß die Blattscheiden farbig sind, auch wenn sie zusammengerollt bleiben. Es sieht dann oberflächlich so aus, als ob die Zweige gefleckt oder gelblich wären.

Wenn »Blätter«, abfallen, brechen sie von ihrer Scheide ab. Diese bleibt oft noch lange haften.

Der Übergang von Scheide zu Spreite ist, je nach Gattung und Art, wie beim Halm auch bei den Zweigen, deutlich mit Öhrchen und Wimpern, durch die Zunge und manchmal sogar durch auffällige Behaarung gekennzeichnet. Diese Wimpern oder Öhrchen können ebenso wie die Farbe der Halmscheide, zur Bestimmung der einzelnen Arten herangezogen werden. Sie haben den Zweck, zu ver-

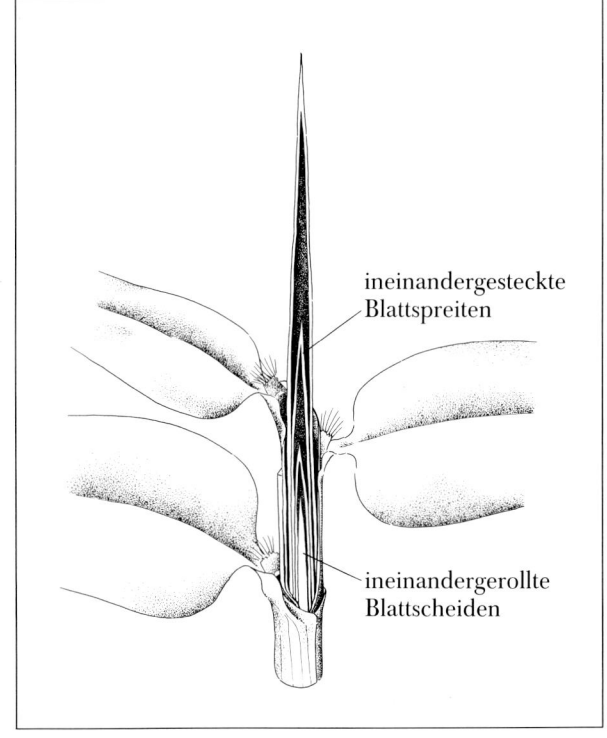

ineinandergesteckte Blattspreiten

ineinandergerollte Blattscheiden

Das Bambusblatt. An den Zweigen des Bambus entwickeln sich die Spreiten zu Blättern. Die Blattscheiden sind eng um die dünnen Zweige gerollt, Internodien und Knoten sind nicht mehr zu sehen. An kurzen oder längeren Stielen – je nach Gattung und Art – spreizt sich die Spreite ab und bildet das Blatt des Bambus.

hindern, daß Wasser in die Blattscheide hineinläuft. Tatsächlich bilden sich an diesen Wimpern oftmals glitzernde Tautropfen.

Zahl und Länge der Wimpern sind von Art zu Art verschieden, können aber auch bei einer einzigen Art ziemlich stark variieren, je nach den Bedingungen, unter denen eine Bambuspflanze wächst.

Das Blatt des Bambus ist länglich lanzettlich, an der Basis abgerundet, zum Ende hin spitz. Länge und Breite sind bei den verschiedenen Gattungen und Arten sehr unterschiedlich, aber auch das Alter des Halmes spielt bei der Größe des Blattes eine Rolle. Charakteristisch für das Blatt das Bambus – und Blatt soll es hier genannt werden, obwohl es ja im Grunde, wie gesagt, eine Scheidenspreite ist – ist, daß es im Gegensatz zu anderen Gräsern immer einen »Stiel« hat. Bei den meisten anderen Gräsern beobachtet man, daß das »Blatt« des Grases direkt am Halm sitzt, ohne Stiel. Daß Bambusblätter einen Stiel haben, hat seinen guten Grund: Bambus ist eine immergrüne Pflanze. Wenn es nun im Winter aber kalt wird, wenn starke Regenfälle kommen und Schnee auf den Bambus fällt, muß das Blatt

Entwicklung von Blättern und Zweigen. Aus den ineinandergerollten Blattscheiden schieben sich die zusammengerollten Spreiten hervor und entfalten sich zum Blatt. Mit dem Wachstum des Zweiges erscheint die nächste, um ein Internodium des Zweiges gerollte Blattscheide.

Wimpern und Fransen bei *Phyllostachys heterocycla* f. *pubescens*

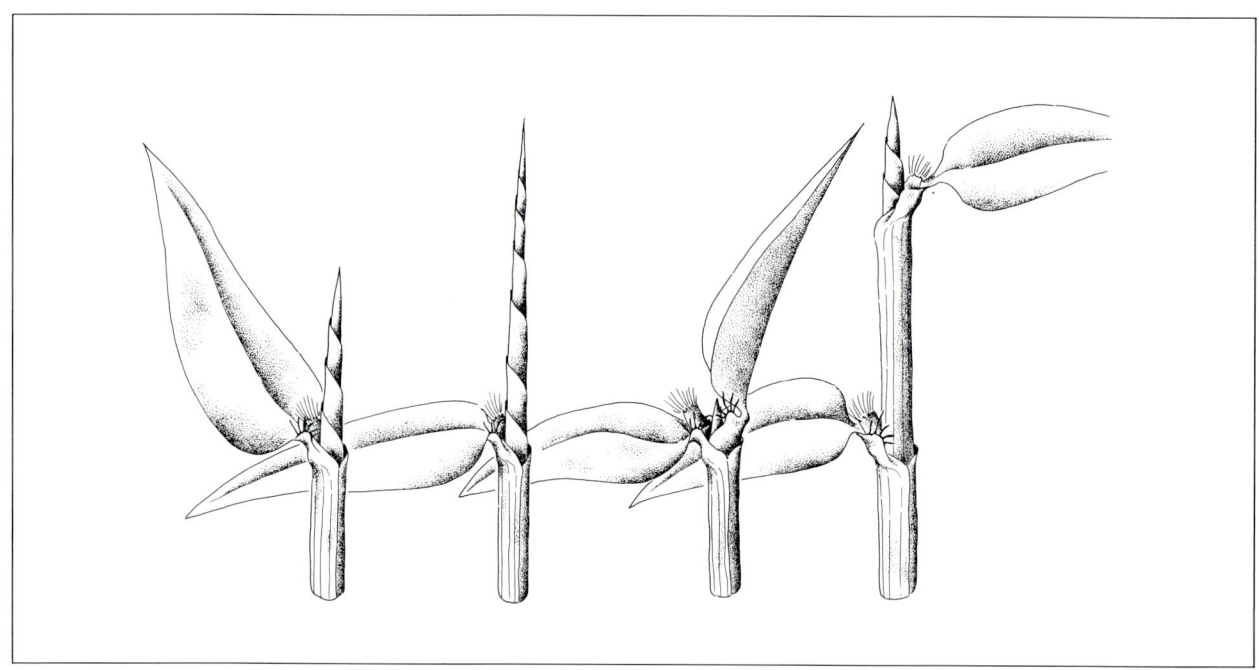

elastisch sein, sich drehen und abbiegen können. Das ginge nicht ohne Stiel. Bei manchen Bambus-Arten sind die Stiele nur millimeterkurz, kaum sichtbar, bei anderen länger. Immerhin wird ein Bambusblatt unter Umständen – nicht bei allen Arten – bis zu zwei Jahre alt, das wäre ohne Stiel gar nicht möglich. Der Stiel hält die Blätter beweglich, das heißt anpassungsfähig und das macht den Bambus besonders attraktiv. Die Blätter bewegen sich beim leisesten Windhauch, bilden immer wieder neue Muster, neue Schatten, flüstern und rascheln.

An jedem Zweig entwickeln sich dauernd neue Blätter, den ganzen Sommer hindurch. Man beobachtet also nicht, wie bei unseren einheimischen Laubbäumen, das Austreiben aller Blätter im Frühling und das Absterben aller Blätter im Herbst. Allerdings verliert auch der Bambus im Herbst mehr Blätter, im Frühling treiben mehr Blätter aus. Bei *Phyllostachys* und *Fargesia* zum Beispiel fallen im Herbst ziemlich viele Blätter zu Boden, während sie bei anderen Gattungen, etwa bei *Sasa* und *Pleioblastus* nicht abfallen, sondern von der Spitze her vertrocknen – so reduziert die Pflanze die Verdunstungsfläche während des Winters.

Im Gegensatz zu unseren heimischen immergrünen Pflanzen, etwa Efeu oder Ilex, hat Bambus extrem dünne Blätter. Man sollte meinen, daß sie deshalb besonders frostempfindlich sind. Aber die Natur hat vorgesorgt. Bambusblätter sind, wie alle Grasblätter, parallel-nervig. Ihre Blattadern laufen parallel über die volle Länge des Blattes. Zwischen diesen parallel laufenden Adern liegen Queradern. Man nennt das Tesselation. Bei manchen Bambusarten ist diese Tesselation sehr gut zu sehen, bei anderen bestenfalls mit der Lupe. Sichtbare Tesselation – das heißt dickere Queradern – ist ein Merkmal, das Hand in Hand mit einer gewissen Winterhärte auftritt. Denn: Durch die Kälte nimmt das Volumen des Zellsaftes ab. In den Zellen der Blätter entsteht ein Unterdruck. Durch die starke Queraderung der Blätter wird verhindert, daß die Zellen zerstört werden, und damit natürlich auch das Blatt. Bambus mit starker Tesselation sind zum Beispiel *Phyllostachys*, *Chusquea* und *Thamnocalamus tesselatus*.

Farbe und Form der Bambusblätter können sehr verschieden und charakteristisch für bestimmte Arten sein. Die Wahl einer Bambus-Art für den Garten wird sicherlich auch davon abhängen, ob die Blätter zart oder eher breit sind, ob sie dicht oder

Junger Bambussproß mit gut sichtbaren Spreiten

locker stehen. Bestimmte *Pleioblastus*-Arten zum Beispiel haben sehr lange, schmale Blätter, ebenso *Otatea acuminata* ssp. *aztecorum*.* Auch alle *Phyllostachys* schmücken sich eher mit kleinen, schmalen Blättern, die von *Fargesia* sind etwas länger und sehr schmal. Relativ große, breite Blätter haben die meisten *Sasa*-Arten, *Pseudosasa japonica* und *Indocalamus tesselatus*, der die größten Blätter hat, sie werden bis zu 60 cm lang und 10 cm breit.

Allerdings hängt die Größe des Bambusblattes auch vom Standort ab, von der Ernährung der Pflanze und vom Alter des Halmes. Der junge Halm einer gut angewachsenen Pflanze wird meist größere und längere Blätter haben, als der Halm einer Pflanze, die an einem ungünstigen Standort steht. Die Blätter des Bambus sind immer grün – in allen Schattierungen. Sehr helles, zartgrünes Blatt hat zum Beispiel *Phyllostachys aurea*; *P. bissetii* hat blau-

---

* Diese Art ist allerdings für den Garten nicht geeignet.

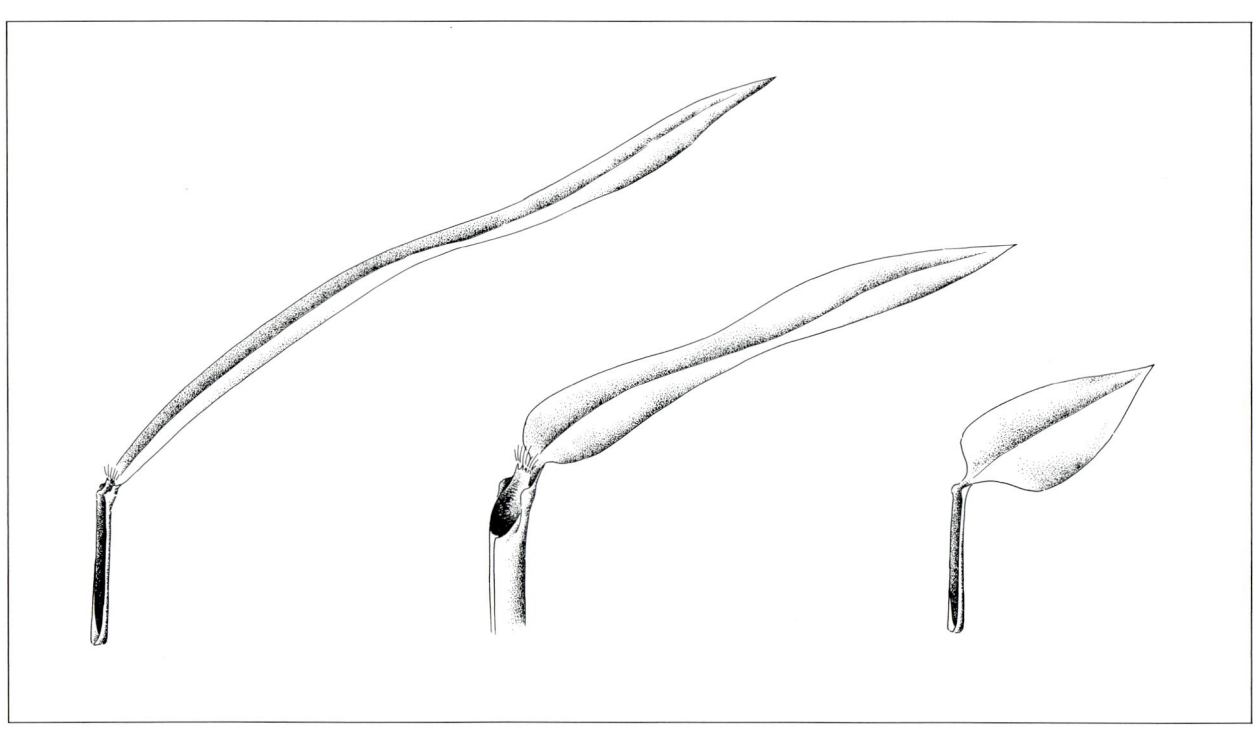

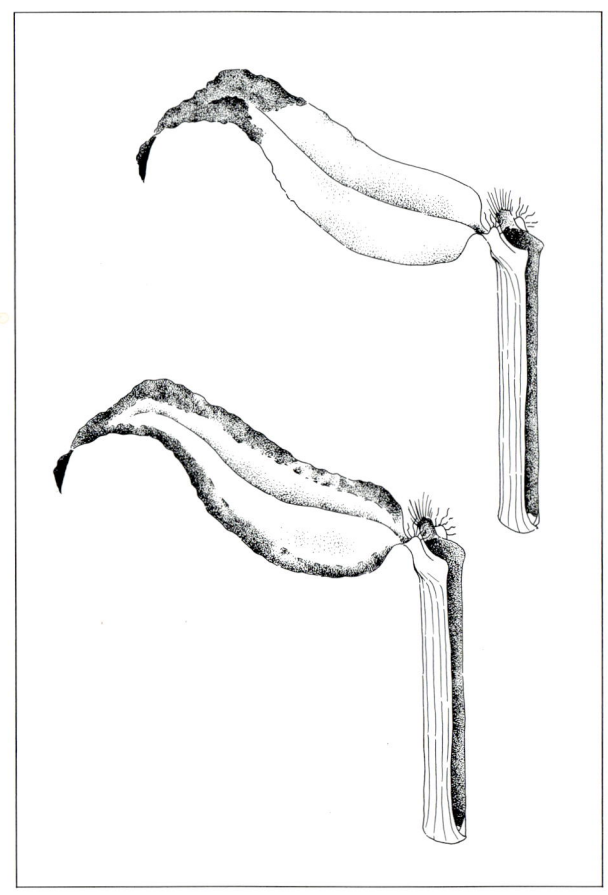

Blattformen. Die Form des Blattes ist charakteristisch für bestimmte Bambus-Arten. *Fargesia*-Arten haben sehr schmale, lange Blätter, die Blätter von *Phyllostachys* sind etwas breiter, *Sasa*-Arten haben meist gedrungene, oft sogar sehr breite Blätter.

grüne Blätter. Bei manchen Arten ist die Unterseite der Blätter dunkler oder gar bläulich. Besonders gefragt sind Bambus-Arten, deren Laub grün-weiß oder grün-gelb gestreift ist, wie bei *Pleioblastus fortunei* oder *P. argenteostriatus*. Aber buntlaubige Bambus sind eher die Ausnahme, zumindest bei den Bambus-Arten, die in Deutschland zu haben sind. Eine andere Art der »Färbung« der Bambusblätter entsteht, wenn sie von der Spitze oder vom Rand her vertrocknen und dabei ihr Chlorophyll verlieren. Das beste Beispiel dafür ist die niedrige Art *Sasa veitchii*. Bald nach dem Entrollen der Blätter werden diese vom Rand her weiß. Nach zwei Jahren sind sie ganz hell geworden und fallen dann ab. Der lebhafte Kontrast des grünen Blattes und der vertrockneten, weißen Ränder macht diese Bambus-Art sehr attraktiv, zumal immer Blätter in allen Stadien der Weißfärbung an einer Pflanze zu sehen sind.

Der Blattwechsel erfolgt bei den meisten Bambus-Arten kontinuierlich. Dabei vertrocknet das Blatt von der Spitze, dann vom Rand her und fällt dann ab.

Die Bambusblüte

Bambus blüht sehr selten. Die Blüte ist unscheinbar und bei einigen Gattungen werden die Pflanzen durch das Blühen zu Tode erschöpft. Das sind drei eigentlich nicht sehr faszinierende Eigenschaften der Bambusblüte – und doch ist gerade sie der Teil des Bambus, der Botaniker und Laien am meisten fasziniert. Der Grund ist einfach: Die Bambusblüte birgt Geheimnisse, die bis heute noch nicht entschlüsselt sind. Es gibt zwar viele Theorien, aber bewiesen wurde bis heute keine. Bewiesen ist lediglich, daß die meisten Gattungen in sehr großen Abständen blühen – manche einmal in dreißig Jahren, andere wieder in einem Rhythmus von 60, 80 oder gar 120 Jahren. Und bei diesen großen Zeitabständen kommt man natürlich in Beweisnot.

Die seltenen Blühperioden des Bambus machen auch die Bestimmung der einzelnen Arten, bzw. deren Zugehörigkeit zu bestimmten Gattungen besonders schwierig. Die botanische Nomenklatur beruht auch auf den Merkmalen in der Blüte – man kann sich denken, daß es eine Generationenarbeit ist, die Bambusblüte zu erforschen und zu bestimmen. Zur exakten Bestimmung sollte man eigentlich aus einer blühenden Pflanze Samen gewinnen, aus diesem Samen eine Pflanze heranziehen und dann die daraus entstehende Blüte bestimmen – aber wie, wenn eine Bambusgattung nur alle hundert Jahre blüht? 1912, als *Phyllostachys viridis* in Japan blühte, wurden von Wissenschaftlern der Universitäten Tokio und Kyoto Samen dieser Bambus-Art auf zwei Versuchsfeldern ausgebracht. Die Wissenschaftler, die dieses Experiment begannen, sind längst tot, die Bambuspflanzen haben bis heute noch nicht einmal geblüht und niemand weiß, wann sie blühen werden. Es kann sein, daß erst die übernächste Generation von Wissenschaftlern die Blüte der Pflanze erlebt.

Lange Zeit war man der Meinung – und kann das auch in älteren wissenschaftlichen Veröffentlichungen nachlesen – daß immer alle Pflanzen einer Bambusart auf der ganzen Welt zum gleichen Zeitpunkt blühen – in Asien ebenso wie in Amerika und in Deutschland. Das ist aber nur bedingt richtig, wie man inzwischen festgestellt hat. Zum Beispiel blüht seit 1982 *Pseudosasa japonica* in Deutschland. Dabei kann man im selben Garten Horste beobachten, die blühen, und solche, die nicht blühen, was vermut-

lich auf zwei verschiedene Klone zurückzuführen ist. Oder: Die südamerikanische Bambusgattung *Chusquea* hat in ihrer Heimat in den letzten Jahren wiederholt schwach geblüht, in Europa konnte man bis jetzt nur eine einzige schwach blühende Pflanze registrieren. Im großen und ganzen allerdings

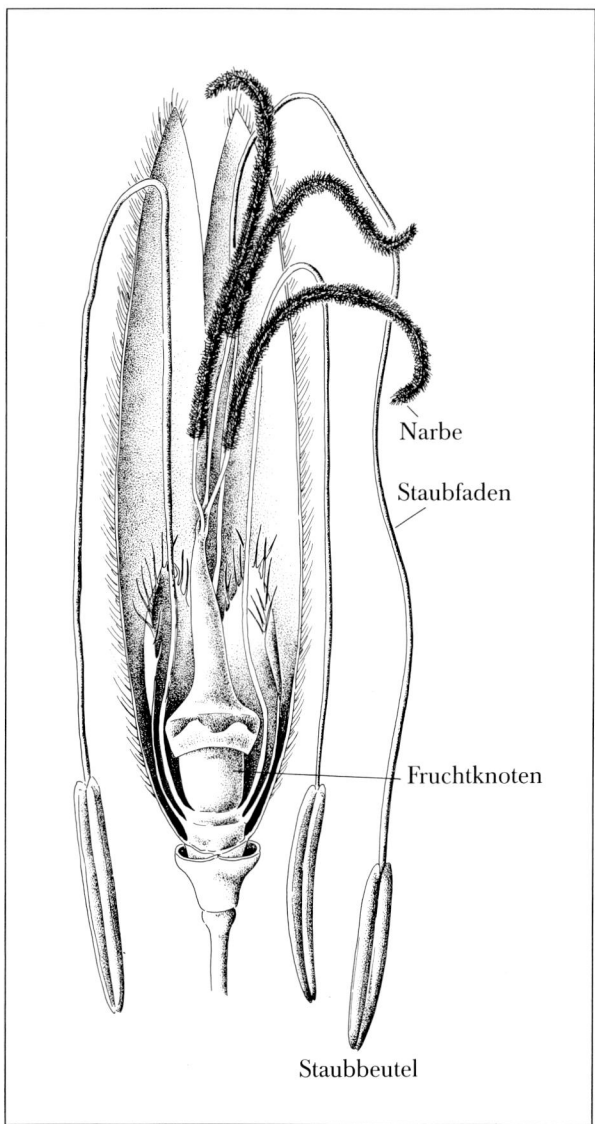

Narbe

Staubfaden

Fruchtknoten

Staubbeutel

Die Blüte des Bambus ist unscheinbar und, wie bei allen Gras- und Getreidearten, ährenförmig angeordnet. Die Zeichnung zeigt schematisiert und stark vergrößert die Blüte eines *Phyllostachys*. Von den hellgelben Staubbeuteln wird der Blütenstaub durch den Wind auf die Narbe übertragen, deshalb hängen die Staubbeutel an langen Staubfäden. Nach der Befruchtung entwickelt sich aus dem Fruchtknoten ein getreideähnliches Korn, der Samen des Bambus, der nur sehr kurzfristig keimfähig bleibt.

Staubbeutel der Blüte von *Pseudosasa japonica*

Blüten von *Phyllostachys elegans*

stimmt es, daß Bambus, wenn er blüht, in Gartenkultur überall zur gleichen Zeit blüht – wobei man »zur gleichen Zeit« sehr weit gespannt sehen muß. Ein Beispiel: *Phyllostachys bambusoides* 'Castilloni' blühte 1963 in England – andere Klone fingen im übrigen Europa erst 1977 an zu blühen. Es sind also vom Beginn der Blüte an 15 Jahre vergangen, bis die letzte Pflanze zu blühen begann. Größere Zeitabstände liegen durchaus im Bereich des Möglichen, denn in Europa fängt man mit der Erforschung des hier kultivierten Bambus im Grunde erst an.

Daß Bambus, wenn überhaupt, dann in gewisser Weise gleichzeitig blüht, hängt mit Sicherheit damit zusammen, daß Bambus in erster Linie durch die Rhizome vermehrt wird.

Sowohl in seiner Heimat wie auch bei uns wird Bambus, der in Kultur gehalten wird, durch Teilung der Rhizome (siehe Seite 102 und 103) vermehrt. Außerdem gelangen neue Arten nicht als Sämlinge, sondern als Teilstücke anderer Bambuspflanzen zu uns. Grob gesagt sind die meisten Bambuspflanzen Klone, die durch Teilung einer einzigen Pflanze entstanden sind und dieselben Erbeigenschaften haben. Darum blühen sie auch zur gleichen Zeit.

Dazu muß hier eine Geschichte erzählt werden. In Europa hat bis vor einigen Jahren *Fargesia murielae*, damals noch unter dem Namen *Sinarundinaria*, noch nie in Gartenkultur geblüht. Doch 1984 begannen Pflanzen dieser Art in Dänemark zu blühen. Der wohl anerkannteste Systematiker der westlichen Welt in Sachen Bambus, Thomas Soderstrom

von der botanischen Abteilung des Smithsonian Forschungsinstituts Washington, untersuchte die Blüte und stufte die Pflanze aufgrund der Blütenmerkmale als *Thamnocalamus spathaceus* ein. Nun fängt die Verwirrung an. Muß man alle europäischen *Sinarundinaria (Fargesia) murielae* umbenennen? Oder blühte doch in Dänemark eine andere Art? Schließlich blühte *Sinarundinaria murielae* weder in Deutschland, noch in Frankreich, noch in Italien. Von der blühenden dänischen Pflanze wurden Sämlinge gezogen und vermehrt, die bis vor kurzem unter dem Namen »dänische Klone« des *Thamnocalamus spathaceus* recht teuer gehandelt wurden. Doch neue Unsicherheit kommt auf. Sämlinge von Bambus sehen sich alle sehr ähnlich, wie junges Gras. Wer garantiert, daß diese echten dänischen Klone nicht vertauscht werden? Bisher hält man es so, daß man nur die Teilstücke dieser Sämlinge unter dem Namen *Thamnocalamus spathaceus* führt. Oder besser gesagt, seriöse Bambus-Vermehrer bemühen sich, daß jeder Gärtner, der mit Bambus zu tun hat, sich daran hält.

Kein Geheimnis ist, warum viele Bambusarten – nicht alle – absterben, wenn sie geblüht haben. Die Blüte verlangt von der Pflanze das Letzte an Kraft. Da während der Blüte so gut wie keine Blätter ausgebildet werden – und die vorhandenen zu allem Überfluß auch noch abfallen – ist nicht genügend Blattmasse für eine Assimilation vorhanden. Aber man darf das nicht verallgemeinern.

Wenn eine Bambuspflanze zu blühen beginnt, bildet sie zunächst statt neuer Blätter Blüten aus.

Zuerst werden es nur wenige Blüten sein, dann immer mehr. Einige Bambus-Arten treiben neben der Blüte immer noch einige wenige Laubblätter – wie man es zuletzt bei *Pseudosasa japonica* beobachten konnte –, andere auf dem Höhepunkt der Blüte nur noch Blütenähren. Dabei ist zu beobachten, daß selbst Neutriebe im Frühjahr als reine Blütentriebe erscheinen. Einige Gattungen, zum Beispiel *Sasa*, *Sasaella* und *Pleioblastus* können sogar eine Art Blüh-

Pseudosasa japonica während der Blüte

pause einlegen. Sie treiben im Frühjahr einigermaßen normal Halme mit Blättern aus und fangen erst im Sommer an zu blühen. Wieder andere Gattungen blühen total: Mit Tausenden von Blüten und das über mehrere Jahre. Eine solche Pflanze ist während der Blütezeit fast ausschließlich auf die Reserven aus dem Rhizom angewiesen. Das kostet Kraft, denn wie bei jeder anderen blühenden Pflanze werden noch mehr Nährstoffe verbraucht, als zur Bildung von Blättern und Neutrieben. In jeder Vegetationsperiode werden die nachwachsenden Halme kleiner und dünner, blühen aber wieder. So blüht sich die Pflanze tot oder sie wird zumindest so stark geschwächt, daß sie Jahre braucht, um sich wieder zu erholen. Der Mensch kann der Bambuspflanze dabei nicht helfen – weder durch besonders üppige Düngung noch durch reichliche Wassergaben noch durch irgendwelche andere Maßnahmen. Man muß die Bambusblüte, wenn sie eintritt, wie ein Naturereignis über seinen Garten ergehen lassen. Hat man Glück, haben sich während der Blüte einige Samen gebildet und der Bambus hat sich selbst wieder ausgesät.

Jeder Gartenbesitzer, dessen Bambus blüht, sollte versuchen, mehrere Körner unter Glas in Sandtöpfe zu setzen. Vielleicht bildet sich eine neue Pflanze, die man wieder auspflanzen kann (Seite 101).

So geheimnisvoll die Bambusblüte ist, so unscheinbar ist sie auch. Bambusblüten ähneln der Blüte des Grases, ihr Aussehen ist von Gattung zu Gattung, ja von Art zu Art unterschiedlich. Gemeinsames Merkmal sind die großen, grünen Deckspelzen, aus denen sich zur Blütezeit jeweils drei mehr oder weniger lange Staubfäden mit leuchtend gelben Antheren schieben. An jeder Ähre erscheinen immer nur wenige Blüten, aus denen sich, wenn man Glück hat, einzelne getreideähnliche Körner entwickeln, diese sind die Samen des Bambus.

Merkmale der wichtigsten Bambusgattungen

Arundinaria

Arundinaria Michaux ist eine Gattung mit einer un-
bestimmten Anzahl von Arten. Ihre Heimat ist der
Himalaya, aber auch China, Amerika und Süd-
afrika. Alle Arten wachsen sympodial, Ausläufer
treibend. Besonders attraktiv sind bei vielen *Arundinaria*-Arten die hübsch gefärbten Halmscheiden, die
recht lange haften bleiben. Sie geben der Pflanze ein
lebhaftes Aussehen. Bei einigen *Arundinaria*-Arten
sind die Jungtriebe schön farbig. Charakteristisch
für diese Gattung sind drei bis sechs Zweige je Knoten. Bei manchen Arten treiben die Zweige allerdings erst im zweiten und dritten Jahr, während im
ersten Jahr keine ausgebildet wurden. Das Laub hat
keine charakteristische Form, es ist bei den Arten
sehr unterschiedlich: lang und breit bei *A. gigantea*,
bei anderen Arten schmal und kurz. Bei einigen Arten, z. B. *A. gigantea* ssp. *tecta*, sind die Blätter auf
beiden Seiten samtig behaart. Die Halme sind rund
und werden von 1,50 bis zu 8 Meter hoch – in Mitteleuropa bei günstigen Bedingungen. *Arundinaria*-
Arten sind nur bedingt winterhart, sie eignen sich
also bei uns vor allem zur Pflanzung im Kübel und
in Wintergärten. In England wird *Arundinaria* viel
als Heckenpflanze verwendet. Bei uns ist das Klima
meist zu rauh, bestenfalls in sehr mildem Weinbauklima kann man versuchen, sie im Freien zu lassen.
Alle *Arundinaria*-Arten lieben Viertel- oder Halbschatten. Die dünnen Bambusstäbe, die man allent-
halben kaufen kann, um Pflanzen daran aufzubin-
den, stammen übrigens von einer *Arundinaria*-Art: *A.
amabilis*. Man kann sie von den dickeren *Phyllostachys*-Stäben unterscheiden, weil sie keinen Sulcus
aufweisen.

Bambusa vulgaris wird in seiner Heimat China sehr groß.
Bei uns ist die Art nur als Kübelpflanze oder im
Wintergarten zu halten – und bleibt dabei deutlich kleiner.

Bambusa

Die Gattung *Bambusa* Schrader kommt mit über 100
Arten im tropischen Asien, Amerika und Afrika vor.
Sie eignet sich also bei uns nur als Kübelpflanze, die
im Kalthaus überwintern muß, für warme Wintergärten und für die Zimmerkultur. *Bambusa* hat immer pro Knoten mehrere Zweige, die recht lang
werden können. Die Halme sind vorwiegend grün,
allerdings nicht bei allen Arten. *B. vulgaris* 'Vittata'
hat gelbe Halme mit grünen Streifen und ist deshalb
in ihrer Heimat wie auch bei uns als Zierpflanze
sehr beliebt. Alle bei uns erhältlichen *Bambusa*-Ar-
ten treiben nicht im Frühjahr, sondern im Spätsommer aus. Die Halme können, wenn der Kübel groß
genug ist, bis zu 15 Meter hoch werden.

Eine Besonderheit der Gattung ist *B. tuldoides* var.
ventricosa (Buddhas Bauch). Nach einer nicht er-
probten Anleitung pflanzt man diese Art in einen
Topf, der eigentlich unter normalen Umständen zu
klein wäre, gießt ihn relativ wenig und überfüttert
ihn nicht mit Dünger; die Internodien der oberirdischen Neutriebe verdicken sich und werden richtige
»Buddha-Bäuche«. In einem Kübel normaler
Größe wächst der Halm rank und schlank heran.
Eine weitere Besonderheit weist *B. glaucescens* var.
rivierorum 'Fernleaf' auf. Die Halme dieser Art sind
nicht hohl, und an einem einzigen Zweig stehen bis
zu zwanzig Blätter in zwei Reihen. Sie geben der
Pflanze fast das Aussehen eines Farnwedels. Alle
Bambusa-Arten wachsen streng horstig.

Bashania

Vor etwa vier Jahren wurde in Deutschland die aus
China stammende Gattung *Bashania* P. C. Keng und
T.P.Y. mit einer Art eingeführt. *B. fargesii* ähnelt
Pseudosasa japonica, denn auch diese Art hat 20 bis 25

cm lange Blätter, die bis zu 5 cm breit sind. Die Art wird bei uns etwa 3 bis 4 Meter hoch und bildet lange Ausläufer. *B. fargesii* ist frosthart. Hin und wieder wird die Pflanze auch unter dem Namen *Arundinaria fargesii* angeboten.

Brachystachyum

Die Gattung *Brachystachyum* Y. L. Keng kommt aus China und ist in Deutschland noch weitgehend unbekannt. Sie ist Ausläufer treibend und übersteht milde Winter auch im Freien sehr gut. Die Pflanze wird hierzulande nicht höher als 3 bis 4 Meter, die Blätter werden bis zu 20 cm lang und sind zwischen 2 und 4 cm breit. *B. densiflorum* wird auch unter dem Namen *Arundinaria densiflora* oder *Bashania densiflora* angeboten.

Chimonobambusa

Chimonobambusa Makino, eine Gattung mit mehreren Arten im Himalaya, in China und Japan ist bei uns nur als Kübel- und Zimmerpflanze geeignet. Im Sommer kann man *Chimonobambusa*-Arten sehr gut in Innenhöfen oder auf Balkonen halten, da sie auch Halbschatten vertragen. Die drei bei uns erhältlichen Arten werden im Kübel etwa drei Meter hoch und haben eine besonders hübsche Halm- und Zweighaltung. Eine Sorte, *C. marmorea* 'Variegata' hat sogar weiß gestreifte Blätter. Die Pflanze treibt die neuen Halme im Spätherbst. Es bilden sich dann im Frühjahr immer mehrere Zweige pro Knoten. Die Halmscheiden, die hell sind, mit brauner Marmorierung, fallen innerhalb eines Jahres ab. Bei *C. marmorea* kann man an der Basis der Halmscheide deutlich einen kleinen Haarkranz erkennen.

Chimonobambusa bildet ausgepflanzt lange Ausläufer. Das hat aber in unseren Breiten keine Bedeutung, da die Pflanze im Schutz eines Glashauses, eines Wintergartens oder auch im Zimmer überwintern muß.

In vielen botanischen Gärten findet man im Tropenhaus *C. quadrangularis*. Obwohl ihn ein privater Bambus-Liebhaber kaum halten kann – er kann unter Glas leicht zu hoch werden und für das Freiland ist er zu empfindlich – soll er hier genannt werden.

Sein Halm ist nämlich andeutungsweise vierkantig mit abgerundeten Ecken. Unter Glas kann *C. quadrangularis* bis zu 8 Meter hoch werden, er eignet sich demnach gut für Foyers und große öffentliche Räume – wo er allerdings nicht voll in der durch das Glas oft noch verstärkten Sonnenwärme stehen darf. Höhe und Dicke des Halmes sind abhängig von der Größe des Pflanzgefäßes. Wer also eine attraktive, große Pflanze haben möchte, muß ein sehr großes Gefäß verwenden. Diese Art treibt allerdings nicht sehr viele neue Sprosse, und die neuen Triebe erscheinen, wie es für die meisten Arten des tropischen Bambus der Fall ist, nicht zu Beginn der Hauptwachstumszeit, sondern am Ende, im Herbst oder gar im Winter.

Chusquea

Die Heimat der Gattung *Chusquea* Kunth ist Südamerika, wo sie mit etwa 90 Arten von Mexico bis Südargentinien wächst. Bei uns ist *Chusquea* noch recht selten anzutreffen. Im Handel sind zwei Arten, *C. couleou* und *C. coronalis*, die beide nur sehr bedingt winterhart und recht schwierig in Kultur sind. *C. couleou* braucht ozeanisches Klima, *C. coronalis* ist tropisch. *Chusquea* hat sehr feine, zarte Blätter, die an Zweigen stehen, die in großer Zahl aus den Nodien wachsen. Bei *C. coronalis* bildet sich ein halmumgreifender Ring von feinen Zweigen. Das bedeutet, daß eine *Chusquea*-Pflanze eigentlich gar keine »charakteristische« Bambus-Statur hat. Aber gerade das macht sie besonders beliebt und gefragt. Die Halme von *Chusquea* sind nicht hohl und stehen recht locker.

Dendrocalamus

In seiner tropischen Heimat Asien bildet *Dendrocalamus* Nees die höchsten Bambusrohre. Die Halme werden dort über 15 Meter hoch und bis zu 30 cm dick. *Dendrocalamus* mit etwa 30 Arten wächst streng horstig, eignet sich aber wegen seiner Größe kaum für Wintergärten oder Kübel. Man sieht ihn häufig in den Tropenhäusern von botanischen Gärten – wo er oft so hoch wächst, wie es das Glasdach zuläßt.

Fargesia murielae im Herbst

Drepanostachyum

Drepanostachyum P. C. Keng ist eine Gattung, der man jetzt erst eine ganze Anzahl noch unbestimmter oder bisher anderen Gattungen zugeschriebener Arten zugeordnet hat und noch zuordnen wird. Bei uns werden bisher nur zwei Arten angeboten, *D. hookerianum*, die sehr aufrecht wächst, und *D. falcatum*, die zierliche, bogige Halme hat. Beide Arten wachsen horstig und eignen sich in erster Linie als Kübelpflanzen.

Fargesia

Die Gattung *Fargesia* Franchet hieß bisher *Sinarundinaria* und wird unter diesem Namen auch noch in vielen Katalogen geführt (zur schwierigen Benennung s. Seite 30). Die Gattung stammt aus Zentral-

china und aus dem Himalaya. Es ist ein besonders feinblättriger Bambus mit dünnen biegsamen Halmen, die nach einigen Jahren und je nach Art gelb, grün oder bräunlich werden. Da diese Bambusgattung streng horstig wächst, bildet sich nach wenigen Jahren bereits ein dichter Busch, der ringsum sehr schön überhängt. Aus einem Knoten wachsen viele sehr zarte, dünne Zweige, die sich in den folgenden Jahren immer wieder verzweigen. Das hat zur Folge, daß Blätter und Zweige relativ schwer werden – die elastischen Halme, die sich bei einigen Arten sogar flechten lassen, biegen sich. Aufgrund dieser besonderen Eigenschaft eignet sich *Fargesia* besonders gut zur dekorativen Kübelbepflanzung. Aufgrund des streng horstigen Wuchses wächst *Fargesia* in einem ausreichend großen Pflanzgefäß sehr schnell zu einer attraktiven und hohen Pflanze heran.

F. nitida zeigt eine Besonderheit: Diese Art bildet manchmal aus einem Sproß zwei Halme, was bei

Phyllostachys viridiglaucescens an einem Bachlauf

Bambus außerordentlich selten ist. Auch bei dieser Bambusart wächst im ersten Jahr nur der Halm, Zweige und Blätter bilden sich erst im folgenden Jahr. Alle *Fargesia*-Arten gedeihen am besten in Klimazonen, die nicht sehr heiß sind, dafür aber eine relativ hohe Luftfeuchtigkeit haben. Die beiden bei uns erhältlichen Arten sind sehr winterhart, sie vertragen Frost bis unter minus 20 Grad.

Im Garten muß man diesem Bambus, ebenso wie *Phyllostachys*, einen besonders großen Platz einräumen. Aus einer Pflanze entwickelt sich nämlich im Lauf der Jahre ein sehr dichter, nahezu undurchdringlinger Hain, der weit überhängt.

Hibanobambusa

× *Hibanobambusa* (Maruyanma & H. Okamura) ist in Deutschland noch so gut wie nicht im Handel, wird aber von einigen Bambusfreunden bereits vermehrt. Es ist die einzige Gattung, bei der nachgewiesen ist, daß sie aus einer Kreuzung entstanden ist, daß es sich also um Hybriden handelt.

In Prafrance hat sich die Gattung als recht winterhart erwiesen. Zwei Hybridsorten sind sozusagen »im Versuch«, × *H. tranquillans* 'Shiroshima', mit langen, und sehr hübsch gelblichweißgestreiften Blättern und × *H. tranquillans* 'Kimmei' mit grünen Blättern. Beide fallen durch sehr lange Wimpern an den Blattscheiden auf. Die Pflanzen werden etwa 1,50 m hoch.

Indocalamus

Indocalamus Nakai ist eine relativ frostharte Gattung, mit etwa 20 Arten in China und Malaysia. Bei uns wird die Gattung bestenfalls hüfthoch und bildet lockere Bestände. Die Halme sind dünn und grün, die Zweige stehen einzeln. Die Blätter sind recht groß und derb. *Indocalamus* bildet keine sehr langen Ausläufer, eignet sich also gut als Unterpflanzung zwischen Sträucher, zumal die Gattung auch gerne im Halbschatten steht.

I. tesselatus biegt das Rohr sehr hübsch, man kann die Art deshalb gut als Kübelpflanze verwenden. Größer als diese bisher bei uns verkaufte Art ist eine neue aus China eingeführte Art, *I. latifolius*, die bei uns zwei bis drei Meter hoch werden kann.

Otatea

Otatea (McClure et E. W. Smith) Calderon et Soderstrom stammt aus Mexico und Guatemala. Nur zwei Arten sind bekannt. Sie sind sehr fein und zart belaubt. Da die Gattung tropisch ist, eignet sie sich nur für Kübel und Wintergarten und ist auch dort schwierig zu halten. Sie ist eine ausgesprochene Liebhaberpflanze, die selbst im Wintergarten mehr Licht braucht als wir im allgemeinen anzubieten haben. *O. acuminata* ssp. *aztecorum*, die einzige bei uns angebotene Art, kann bis zu 8 Meter hoch werden.

Phyllostachys

Phyllostachys Siebold et Zuccarini ist die bei uns am weitesten verbreitete und auch vielseitigste Bambusgattung. Die Heimat dieses »großen« Bambus mit etwa 60 Arten ist China, er kommt aber auch in Vietnam, Indien und Nepal vor. Das besondere Ebenmaß, die harmonische Form dieser Gattung ist der Grund, warum *Phyllostachys* das Vorbild für fast alle asiatischen Bambusbilder ist. Die Halme sind sehr aufrecht, bei einigen Arten neigen sie sich an der Spitze bogenförmig. Bei einem dichten Horst setzen die Zweige mit den Blättern hoch an, so daß das Rohr, bei vielen Arten gestreift oder gefleckt, gut zu sehen ist. Der Halm von *Phyllostachys* ist ohnehin eine Besonderheit. Er hat eine Längsrinne, den Sulcus. Bei jungen Pflanzen kann man diesen Sulcus vom untersten Internodium bis zur Spitze des Halmes beobachten, bei älteren Pflanzen haben die Halme nur an den Internodien eine Kerbung, die auch Zweige tragen. Der Grund für diese Kerbung: Bei *Phyllostachys* ist die Knospe für die Zweige bereits im Sproß vorhanden. Wenn der Sproß wächst, drückt die Knospe die Kerbe in den Halm (s. Seite 42), beim Verholzen verfestigt sich auch der Sulcus. Der Halm von *Phyllostachys* ist meist sehr lebhaft gefärbt; die wertvolleren Sorten haben gestreifte Halme, andere wiederum schwarzes oder geflecktes Rohr. Bei dem relativ lockeren, harmonischen Wuchs von *Phyllostachys* ist diese Farbwirkung besonders dekorativ. Bei einigen *Phyllostachys*-Arten sind die Nodien, die Knoten, stark hervorgehoben, bei anderen wiederum sind sie schräg gestellt, die Internodien wirken dadurch ungleichmäßig. Der Schildkrötenbambus hat seinen Namen, weil Nodien und Internodien dem Halm das Aussehen eines Schildkrötenpanzers geben. Es gibt auch *Phyllostachys*-Arten, bei denen der untere Teil des Halmes nicht gerade wächst, sondern in Bogen oder im Zick-Zack.

Die Halmscheiden fallen bei *Phyllostachys* bald ab, bei einigen Arten sind sie sehr schön gefärbt, die Spreiten gewellt oder plissiert. Alle *Phyllostachys*-Arten haben in der Regel zwei Zweige pro Nodium. Manchmal bildet sich auch ein dritter, sehr kleiner Zweig dazwischen. Die Blätter sind hellgrün, bei einigen wertvollen Sorten weiß oder gelb gestreift. Sie sind bei den allermeisten Arten 10 bis 20 cm lang und 1,5 bis 3 cm breit. Lediglich an jungen Halmen können sie viel größer sein.

Die meisten *Phyllostachys*-Arten sind außerordentlich vital. Sie wachsen unter guten Bedingungen schnell und kräftig und erholen sich auch von Schädigungen wieder gut – außer von der Blüte. Einige Arten sind auch gut kälteverträglich. Inzwischen sind Bestrebungen im Gange, aus China noch härtere *Phyllostachys*-Arten einzuführen. Es gibt bei Bambus-Liebhabern bereits einige sehr rare Arten, die in bezug auf Winterhärte große Hoffnungen zulassen – etwa *P. dulcis* (eine Art übrigens, deren Sprosse man roh essen kann, weil sie keine Bitterstoffe enthalten), oder *P. vivax*, der relativ schnell starke Rohre bekommt und gut Frost verträgt.

Von seiner Form her eignet sich *Phyllostachys* besonders als Solitär-Pflanze. An guten Standorten können die meisten Arten bis zu 8 Meter hoch oder sogar noch höher werden. In warmen, trockenen Gegenden verholzen die Halme besser, werden stark und gerade, während im ozeanischen Klima, das relativ viel Luftfeuchtigkeit und kühle Sommer hat, dieselben Arten weichere, dünnere und biegsamere Rohre bekommen. Das dürfte die Ursache sein, daß

das Bild ein und derselben Phyllostachys-Art in Baden-Baden ganz anders aussehen kann, als etwa in Hamburg. In Baden-Baden wird die Pflanze hoch, aufrecht sein, in Hamburg werden die Halme überhängen und niedriger wachsen.

Fast alle Bambus-Haine, die man in Europa kennt, bestehen aus *Phyllostachys*. Da *Phyllostachys* in unserem kühlen Klima nicht sehr fleißig Ausläufer treibt, dauert es recht lange, bis ein großer Hain entsteht. Auf der anderen Seite ist diese Eigenschaft auch angenehm, weil diese Bambus-Gattung im Garten gut in ihren Grenzen zu halten ist.

Damit *Phyllostachys* im Garten gut gedeiht, muß man seinen Standort sorgsam auswählen. Er steht im Sommer sehr gern in der vollen Sonne, hat es gern warm, ja heiß. Daß er an einem solchen Sonnenplatz viel Wasser braucht, ist klar. Im Winter aber schadet ihm ein Zuviel an Sonne, zumindest den empfindlicheren Arten. Ideal ist deshalb, wenn *Phyllostachys* so gepflanzt wird, daß er im Sommer volle Sonne bekommt und in der kalten Jahreszeit bei niedrig stehender Sonne von einem Baum oder einer Hauswand beschattet wird.

Pleioblastus

Die Gattung *Pleioblastus* Nakai umfaßt etwa 20 in China und Japan heimische Arten von sehr unterschiedlichem Wuchs und Aussehen. Man hat die Gattung *Pleioblastus* deshalb in drei Sektionen aufgeteilt, um mehr Systematik in die Artbestimmung zu bekommen. Bei uns findet man mit Ausnahme von *P. simonii* ausschließlich Arten aus der Sektion »Nezasa«. Es gibt *Pleioblastus*-Arten, die nur 40 cm, andere, die bis zu 4 Meter hoch werden. Einige Arten, etwa *P. chino* und *P. viridistriatus*, haben lange breite, andere wieder sehr feine, kleine Blätter. Es gibt Arten mit behaarten und mit glatten Blättern, Arten mit weißen oder gelben Streifen im Blatt. Gemeinsam ist den Arten eines: Am grünen oder rötlichen Halm entwickeln sich immer mehrere Zweige pro Knoten. Die ledrige Halmscheide mit einer ausgeprägten Spreite bleibt lange am Halm hängen. Alle *Pleioblastus*-Arten treiben an guten Standorten

Sehr attraktiv als Unterpflanzung:
Pleioblastus viridistriatus mit gelbgrünem Laub

lange, kräftige Ausläufer. Eine Pflanze verbreitet sich also relativ schnell im Garten. Man kann Pleioblastus als Bodendecker unter Büsche und Bäume pflanzen, denn *Pleioblastus* mag lichten Halbschatten. Man hat auch schon versucht, *Pleioblastus* als flächige Pflanzung in der Sonne anzulegen – mit Erfolg. Durch die stark wuchernden Rhizome hält *Pleioblastus*, wenn man ihn als Unterpflanzung oder Böschungsbepflanzung verwendet, Unkraut gut in Grenzen, es ist also ein sinnvoller Bodendecker, der allerdings durch dieselbe Eigenschaft, nämlich das starke Wuchern auch lästig werden kann. Für *Pleioblastus* gilt vor allem, was auf Seite 97 über das Eingrenzen des Bambus gesagt wird.

Gut sehen viele mittelhohe *Pleioblastus*-Arten im Topf oder Kübel aus. Sie eignen sich auch gut für nicht sehr sonnige Balkone und Terrassen. Alle Arten, die bei uns zu bekommen sind, stammen aus temperierten Klimazonen, sie vertragen also Kälte gut.

Pseudosasa

Die Gattung *Pseudosasa* Nakai, mit sechs Arten, stammt aus Asien. Sie ist bei uns recht verbreitet, allerdings gibt es praktisch nur die Art *P. japonica* (auch Metake genannt) und die Varietät *P. j.* var. *tsutsumiana* zu kaufen. Eine weißbunte Varietät, die in Deutschland noch sehr selten ist, sieht man in englischen Gärten. *Pseudosasa* ist ein buschiger Bambus mit breiten sattgrünen Blättern, die sehr dicht stehen. Die Zweige stehen vor allem am Ende des Halmes. Es bildet sich meist nur ein Seitenzweig und nie mehr als drei Zweige aus einer Knospe. Charakteristisch ist, daß die strohfarbenen Halmscheiden monatelang am Halm hängenbleiben. Das Rhizom bei *Pseudosasa* ist leptomorph, die neuen Halme im Frühjahr wachsen aus seitlichen Augen des Rhizoms.

Seit etwa fünf Jahren blüht die Art *P. japonica* nach und nach in ganz Europa. Da die Pflanzen aber bisher nur schwach blühen und neben der Blüte auch noch Blätter entwickeln, wird das Rhizom auch während dieser kritischen Zeit noch ernährt, die Pflanzen werden zwar geschwächt, bisher aber nicht vollständig geschädigt. *Pseudosasa* ist als Einzelpflanze gut geeignet, da sie nur einzelne, allerdings sehr lange Ausläufer treibt. Auch als Hecke kann man sie verwenden. Die *Pseudosasa*-Gartenfor-

Sasa palmata an einem Gartenteich

men, die man in Japan oft sieht und die weiß- oder gelbgestreifte Blätter haben, sind in Europa nicht vertreten: es sind allerdings Bemühungen im Gange, auch diese Arten zu importieren.

Sasa

Der Gattung *Sasa* Makino et Shibata hat man den deutschen Namen Waldbambus gegeben, weil sie in ihrer japanischen Heimat in sehr vielen Arten und Varietäten vor allem in Wäldern der mittleren Lagen wächst. Einige Arten findet man sogar oberhalb der Baumgrenze.

Sasa-Arten werden nicht sehr hoch – bei uns variiert die Höhe zwischen 40 cm und 2 Meter. Bei den meisten *Sasa*-Arten entwickelt sich immer nur ein Zweig aus einem Nodium. Diese Knoten sind stark verdickt. Die Halmscheiden bleiben recht lange vertrocknet hängen.

Die meisten *Sasa*-Arten mögen keine volle Sonne, sie bekommen leicht Trockenschäden an den Blättern. Wo das Klima feucht ist, also in ozeanischen Klimabereichen, kann man *Sasa* bedenkenlos in die Sonne pflanzen, in allen anderen Bereichen wählt man Halbschatten oder – bei einzelnen Arten – sogar vollen Schatten.

Charakteristisch für fast alle *Sasa*-Arten ist, daß sie eine große unterirdische Ausdehnung haben. Die Rhizome bilden dichte Geflechte, denen man nachsagt, daß sie sogar bei einem Erdbeben nicht zerstört werden. In Japan wird *Sasa* auch zur Befestigung von Böschungen angepflanzt, weil seine Rhizome die Erde gut durchwurzeln und so festhalten. Daß *Sasa* unterirdisch so vital wächst, hat aber auch Nachteile. Die Pflanzen brauchen durch den starken Wuchs sehr viel Wasser und Nahrung, Mangel kann in unserem eher trockenen Klima zu unschönen Erscheinungsbildern führen. Man wird deshalb hin und wieder *Sasa*-Bestände, die als Bodendecker dienen, bis zum Boden zurückschneiden müssen.

Sasaella

Sasaella Makino, mit etwa 12 Arten, ist in Japan beheimatet. Die Gattung sieht sehr ähnlich aus, wie *Sasa*. Alle Arten haben aufrechte Halme, die eher noch kürzer sind als die von *Sasa*. Die Blatthaltung ist ebenfalls ähnlich, ebenso die verdickten Nodien und die Halmscheiden, die lange hängen bleiben. Die Zweige stehen einzeln, bei einigen Arten findet man aber auch zwei bis drei Zweige pro Knoten. *Sasaella* bildet sehr schnell viele Ausläufer, wuchert noch stärker als *Sasa*. Charakteristisch ist, daß die Rhizome manchmal sogar überirdisch wachsen. Der weitest verbreitete Bodendecker-Bambus ist eine *Sasaella*-Art, *S. ramosa*. Die meisten Arten sind gut winterhart.

Sasamorpha

Auch *Sasamorpha* Nakai, mit vier Arten in Ost-Asien, ist ein Bambus, der sich am ehesten zur Unterpflanzung von Bäumen und Büschen eignet. Im Gegensatz zu *Sasa* und *Sasaella* hat diese Gattung ein monopodial verzweigtes Rhizom. Die Halme stehen bei *Sasamorpha* immer streng einzeln, bei der einzigen Art, die man bisher in Deutschland beziehen kann, *S. borealis*, bekommen die Blätter schon im ersten Jahr einen trockenen weißen Rand. *Sasamorpha* gedeihen am besten im Halbschatten, vertragen aber auch vollen Schatten.

Semiarundinaria

Semiarundinaria Nakai, mit etwa 20 Arten in Ost-Asien, ist eine Gattung, die sehr dicht wächst und relativ große Blätter hat. Die hierzulande am weitesten verbreitete Art, *S. fastuosa*, wird auch Säulenbambus genannt, weil sie sehr gerade und starke Halme bildet. Diese Art eignet sich besonders gut für Hecken, denn sie bildet, wie alle *Semiarundinaria*-Arten, Ausläufer. *Semiarundinaria* wird in unserem Klima bestenfalls 7 Meter hoch, in ihrer Heimat Japan erreicht die Gattung Höhen bis zu 15 Meter.

Der Halm von *Semiarundinaria* hat, ähnlich wie *Phyllostachys*, einen Sulcus. Diesen findet man allerdings nur an Internodien, die Zweige ausgebildet haben und auch dort nur etwa im unteren Drittel. Auch *Semiarundinaria* hat bereits im Sproß die fertigen Knospen für die Zweige ausgebildet. Die Zweige spreizen sich aber während des Längenwachstums so schnell ab, daß nur in einem Teil des Internodiums die Kerbe ausgebildet wird. Die

Halmscheiden bleiben bei *Semiarundinaria* nur etwa zwei Wochen hängen und fallen dann ab. Pro Nodium bildet diese Gattung einen starken Zweig in der Mitte und zwei kleinere Zweige an den Seiten. Im Laufe der Jahre allerdings entwickeln sich immer mehr Zweige. Wenn man die Zweige bei *Semiarundinaria* frühzeitig einkürzt, bilden sich die restlichen Zweige buschiger aus.

Shibataea

Die Gattung *Shibataea* Nakai mit 5 Arten in China und Japan hat eine für Bambus nicht charakteristische Blattform: Die Blätter sind verhältnismäßig kurz und breit. Da sie auch noch an recht kurzen Zweigen rings um den Knoten stehen, sieht es aus, als trage der Halm Blattquirle. An günstigen Standorten wird *Shibataea* bei uns 1,50 Meter hoch, meistens jedoch nur 80 cm. Das prädestiniert diese Gattung zur handlichen Topf- und Kübelpflanze, die man gut im Zimmer halten kann. *Shibataea* mag keine pralle Sonne, weil die großen Blätter an solchen Standorten zu schnell zuviel Feuchtigkeit verdunsten. Halbschatten und relativ feuchte Böden sind ideal für diese Gattung. In botanischen Gärten kennt man übrigens *Shibataea* schon recht lange, in Privatgärten ist die Gattung, von der man in Deutschland bisher nur eine Art, *S. kumasasa* bekommen kann, noch selten zu finden. In Frankreich haben Bambusliebhaber hier und da die Varietät *S. kumasasa* var. *aureostriata* vermehrt, die gelbbunt gestreifte Blätter hat.

Sinobambusa

Von der tropischen Gattung *Sinobambusa* Makino findet man bei uns nur eine Art, *S. tootsik*, die nicht winterhart ist, die sich aber sehr gut als Kübel- und Zimmerpflanze eignet. Wegen ihrer häufigen Verwendung in Tempelgärten hat die Gattung in ihrer Heimat Süd-China den Namen Temple Bamboo.

Thamnocalamus

Die Gattung *Thamnocalamus* Munro ist ein typisches Beispiel für die Unsicherheit bei der Bestimmung und Zuordnung einzelner Arten.

In der »European Garden Flora« stellt McClintock *Thamnocalamus* zu *Arundinaria*, weil sie sich nur durch die Blüte unterscheiden. Die Art *T. spathaceus* (Franchet) Soderstrom, bei Zander (1984) noch verzeichnet, ist inzwischen als *Fargesia spathacea* (s. Seite 48) identifiziert.

Bei uns häufiger angeboten wird *T. tesselatus*. Die Art stammt aus Asien und ist bei uns recht winterhart. Sie braucht volle Sonne.

Arten und Sorten für die Kultur in Mitteleuropa

Vorbemerkung

Diese Auflistung von Arten und Sorten für die Kultur des Bambus in Mitteleuropa kann nur eine Momentaufnahme sein. Zu sehr ist in den letzten zwei Jahren der Markt in Bewegung gekommen. China hat jetzt seine Grenzen geöffnet, vereinzelt kommen bei uns bisher nicht kultivierte, neue Bambus-Arten nach Deutschland. Sie werden geprüft und vermehrt, aber bis sie auf den Markt kommen, dauert es Jahre. Auch aus Süd- und Mittelamerika kommen – sehr zögernd allerdings – einzelne Pflanzen nach Europa. Ob sie sich hier bewähren, muß sich erst herausstellen.

Das Aussehen einer Bambuspflanze ist, wie schon erwähnt, stark von ihrem Standort beeinflußt. Vor allem, ob ein Bambus im ozeanisch oder kontinental beeinflußten Klima wächst, spielt oft eine große Rolle.

Die angegebene Winterhärte gilt als sicher für das Rhizom, wenn die Pflanze gut angewachsen und, sofern sie im Freien steht, gemulcht ist. Abhängig vom Wetterverlauf und vom Ernährungszustand der Pflanze können bei ungünstiger Witterung mehr oder weniger große Schäden am Laub und an den Halmen entstehen.

Für die höher wachsenden Arten ist die Halmscheide als zusätzliches Merkmal genannt, weil sie oft das Aussehen dieser Bambusarten wesentlich mitbestimmt.

Angaben über Winterhärte und Wuchshöhe in dieser Liste wurden aus Literaturangaben zusammengetragen und aufgrund der bisherigen Erfahrungen von Werner Simon im eigenen Betrieb und bei Kunden abgeändert. Weil viele Arten jedoch erst seit wenigen Jahren in Europa erhältlich sind, gibt es vor allem für die klimatisch weniger begünstigten Gebiete, wo der Bambus nur langsam zu ausreichender Größe für eine Beurteilung seines Verhaltens heranwächst, keine verläßlichen Angaben zum Wuchsverhalten bestimmter Arten. Eine Art, die im Bodenseegebiet voll winterhart ist, kann schon in Stuttgart häufig zurückfrieren und deshalb viel kleiner bleiben. In Nürnberg wird dieser Bambus dann völlig versagen. Da das Klima starken Einfluß auf die Gestalt eines Bambus hat, sollte der Leser diesen Mangel an genauer Information zum Anlaß nehmen, seine Erfahrungen mit Bambus anderen Freunden dieser Pflanze und vor allem dem Verlag oder den Autoren zugänglich machen, damit bei einer neuen Auflage dieses Buches zuverlässigere Aussagen gemacht werden können.

Arundinaria

In der Gattung *Arundinaria* Michaux gibt es Ausläufer bildende Arten und Arten, bei denen der Stiel, das Ansatzstück des Rhizoms, stark verlängert ist, wodurch sich auch diese Arten gut ausbreiten können. Die Arten mit weitgehend horstigem Wuchs werden in diesem Buch als *Thamnocalamus* behandelt, weil einige dieser Arten aufgrund ihrer Blüte in diese Gattung gestellt worden sind.

Es werden drei bis sechs Zweige pro Knoten ausgebildet, oft erst im zweiten oder dritten Jahr. Das Laub ist bei der Typ-Art *A. gigantea* bis 20 cm lang und ziemlich breit, bei *A. jaunsarensis* wieder schmal und kurz.

A. funghomii McClure

Standort: Sonne bis Halbschatten
Härte: bis −18 °C
Blatt: 18 cm lang, 3 cm breit
Zweige: anfangs 3–4, später mehr

Halmscheide: grün-beige, schnell trocken
Halm: glänzend grün mit orange
Höhe: 1,50–2 m
Ausbreitung: verstreut stehende, einzelne Halme
Verwendung: oft nur sommergrüner Aspekt in
    Staudenrabatten
Besonderheit: hellgrünes Laub in interessanter
    Haltung

A. gigantea ssp. tecta (Walter) McClure

Heimat: USA
Standort: Sonne, feuchte Böden
Härte: bis −23 °C
Blatt: 25 cm lang, 4 cm breit, hellgrün, beidseitig
    samtig behaart
Zweige: spitzwinkelig zum Halm nach oben
    strebend
Halmscheide: rot
Halm: grün nach blaßgelb
Höhe: 2 m
Ausbreitung: Ausläufer, Halme teilweise in
    Büscheln
Verwendung: flächendeckende Uferbefestigung,
    niedrige Hecken
Besonderheit: stark wuchernd, schönes Laub

A. jaunsarensis Gamble

Heimat: Indien, NW Himalaya, bis in 3500 m
    Höhe, Sikkim, Bhutan, Gharwal
Standort: Halbschatten, feucht und geschützt
Härte: bis −18 °C
Blatt: 10 cm lang, schmal
Zweige: anfangs 3–4, später viele
Halmscheide: grün-beige, schnell trocken
Halm: glänzend grün bis matt grün-braun
Höhe: 1,50–4 m
Ausbreitung: in kleinen Horsten verstreut
Verwendung: Kübelpflanze oder kleiner Strauch im
    Schatten bzw. Gebüsch
Besonderheit: dichtes, frischgrünes Laub

Bambusa

Eine tropische Gattung mit dichtem, horstigem
Wuchs und typisch pachymorphem Rhizom. Austrieb im Sommer. Queraderung (Tesselation) der

Blätter ist nicht vorhanden. Wegen mangelnder
Winterhärte ist ein Kalthaus bzw. temperiertes Gewächshaus für die Überwinterung nötig.

B. glaucescens (Willdenow) Siebold ex Munro
Syn. *B. multiplex* (Coureiro) Steudel

Heimat: China
Standort: Sonne
Härte: bis −13 °C
Blatt: 15 cm lang
Zweige: mehrere pro Knoten
Halmscheide: braungrün
Halm: mattgelb
Höhe: 8 m
Ausbreitung: horstig
Verwendung: Kübelpflanze, Wintergarten
Besonderheit: Stattliche Pflanze mit typischem
    »Bambusaussehen«. Wird auch unter dem
    Sortennamen 'Golden Goddess' angeboten.

Bambusa glaucescens 'Golden Goddess' als Zimmerpflanze

Bambusa glaucescens 'Fernleaf' als Kübelpflanze

B. g. 'Alphons Karr'

Heimat: China
Standort: Sonne
Härte: bis −13 °C
Blatt: 15 cm lang
Zweige: mehrere pro Knoten
Halmscheide: braungrün, weiße und gelbe Streifen
Halm: anfangs rosa, dann leuchtend gelb bis orange
    mit kräftig grünen Streifen
Höhe: 8 m
Ausbreitung: horstig
Verwendung: Kübelpflanze, Wintergarten
Besonderheit: gut farbige Halme

B. g. var. **rivierorum** Maire

Heimat: China
Standort: Sonne
Härte: bis −13 °C
Blatt: bis 12 Blätter pro Zweig, 5 cm lang

Halmscheide: braungrün
Halm: mattgelb
Höhe: 4 m
Ausbreitung: horstig
Verwendung: Kübelpflanze, Wintergarten
Besonderheit: zarter als die Art, attraktive Belaubung

B. g. var. **rivierorum** 'Fernleaf'

Heimat: China
Standort: Sonne
Härte: bis −13 °C
Blatt: bis 20 Blätter pro Zweig, 15–30 mm lang
Halmscheide: braungrün
Halm: mattgelb, immer ohne Hohlraum, deshalb
    auch unter der Bezeichnung 'Solida' bekannt
Höhe: 3 m wenn ausgepflanzt, im Topf auch nur
    30 cm möglich
Ausbreitung: horstig
Verwendung: Kübelpflanze, Wintergarten,
    Topfpflanze

Besonderheit: Durch die 20 Blättchen in 2 Reihen ähnelt der Zweig einem Farnwedel

B. tuldoides var. **ventricosa** McClure
Syn. *B. ventricosa* McClure

Heimat: Süd-China
Standort: hell
Härte: bis −13 °C
Blatt: 12 cm lang, 1,2 cm breit, bis zu 13 Blätter pro Zweig, an der Halmspitze bis doppelt so groß
Zweige: weit ausladend
Halmscheide: grün, im Absterben orange
Halm: grün, zylindrisch
Höhe: 2,5 m bzw. 0,80 m
Ausbreitung: horstig
Verwendung: Topf- oder Kübelpflanze, Wintergarten
Besonderheit: unter bestimmten Voraussetzungen entsteht die bauchige Verdickung der Internodien, auf die der Name »Buddha's Bauch« zurückzuführen ist.

B. vulgaris Schrader ex Wendland

Heimat: Süd-China, verbreitet in Kultur
Standort: hell
Härte: bis 0 °C
Blatt: 25 cm lang, 4 cm breit
Zweige: auffällig lang
Halmscheide: breit, stark dunkelbraun behaart
Halm: grün, zylindrisch
Höhe: 15 m
Ausbreitung: horstig
Verwendung: Kübelpflanze, Wintergarten
Besonderheit: dicke Halme, starkes Wachstum, nur für große Räume und Gefäße

B. v. 'Vittata'

Etwas kleiner und mit gelben Halmen, die unregelmäßig grün gestreift sind.

Chimonobambusa

Die dünne Halmscheide zerfällt innerhalb eines Jahres, die Scheidenspreite ist sehr klein. Viele

Zweige am Knoten, Austrieb im Herbst und Winter, Zweigentfaltung im Frühjahr.

C. marmorea (Mitford) Makino

Heimat: Japan
Standort: Halbschatten bis Sonne
Härte: bis −18 °C
Blatt: 15 cm lang, dichtstehend
Zweige: kurz
Halmscheide: blaßgrün, verfärbt sich nach weiß und ist mit braunen Flecken marmoriert. Die Scheidenbasis trägt einen deutlichen Haarkranz
Halm: hellgrün nach mattrot, in der Sonne kräftig rot
Höhe: 1,50 m
Ausbreitung: ausgepflanzt breitet er sich nur allmählich aus
Verwendung: Innenhöfe, Wintergärten, Topfpflanze für Nahbetrachtung
Besonderheit: auffällige, schön gemusterte Halmscheide

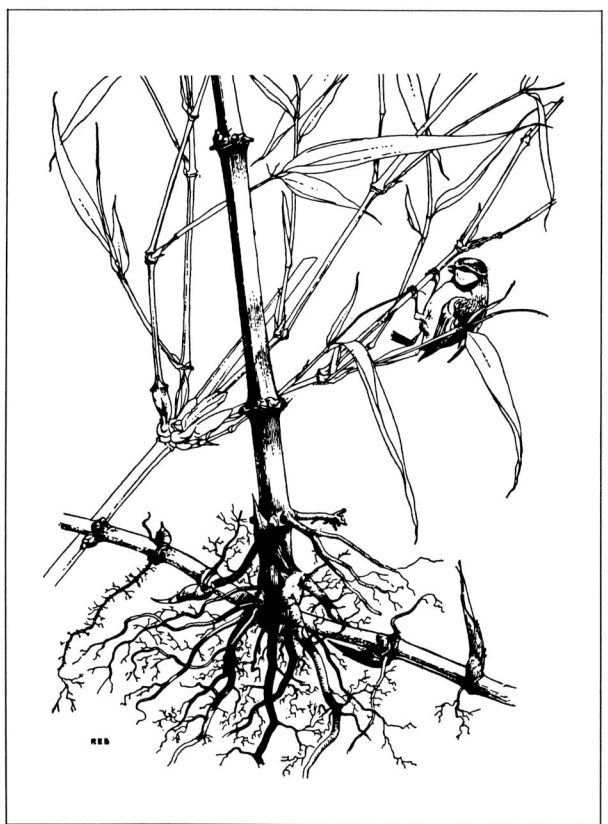

Chimonobambusa quadrangularis
Aus: Farelly, The Book of Bamboo

Jungpflanze von *Chusquea coronalis* im Kübel

C. m. 'Variegata'

Wie die Art, aber mit weißen Streifen im Blatt; Standort besser Halbschatten.

C. quadrangularis (Fenzi) Makino
Syn. *Thamnocalamus quadrangularis*

Heimat: China, Formosa
Standort: Sonne bis Halbschatten
Härte: bis −13 °C

Blatt: 15 cm lang, 1,2 cm breit, 5–7 Blätter pro
  Zweig, endständig
Zweige: 3 Zweige pro Knoten
Halm: grün nach braun, vierkantig bei dicken
  Halmen
Höhe: 13 m, im Kübel abhängig vom Wurzelraum
  1–3 m
Ausbreitung: wenige, lange Ausläufer
Verwendung: Topf- oder Kübelpflanze
Besonderheit: besondere Halmform, schöne
  Belaubung

Chusquea

Diese Gattung ist in Südamerika beheimatet und sehr verschiedengestaltig. Halm mit gefülltem Hohlraum. Zweige viele, selten nur drei. Mittlerer Zweig sehr viel länger als die seitlichen, die auch direkt aus dem Knoten entspringen und teilweise fast halmumgreifend stehen. Kleines, schmales Laub.

C. coronalis Soderstrom et Calderon

Heimat: Guatemala, Costa Rica
Standort: kühl, feucht, Vollschatten
Härte: bis −7 °C
Blatt: sehr kleines, zartes Laub
Zweige: bis zu 50 Zweige, die halmumgreifend am Knoten stehen
Halm: grün, sehr dünn, zur Spitze sich stetig verjüngend
Höhe: 2,50 m
Ausbreitung: horstig

Chusquea couleou kurz nach dem Austrieb im Freiland

Verwendung: heikle Topfpflanze
Besonderheit: halmumgreifender Ring aus Zweigen

C. couleou E. Desvaux

Heimat: Chile
Standort: Halbschatten, feucht / Sonne, nahrhafter, frischer Boden
Härte: bis −13 °C in kontinentalem Klima; bis −18 °C in ozeanischem Klima
Blatt: kleine blaugrüne Blätter
Zweige: viele Zweige direkt aus dem Knoten
Halmscheide: Scheide lang haftend, Zweige erst nach der Streckung austreibend
Halm: Halm erscheint durch zahlreiche Zweige wie eine Flaschenbürste
Höhe: 6 m
Ausbreitung: Halme mehr oder weniger locker stehend
Verwendung: Solitärgras vor allem im ozeanischen Klima
Besonderheit: schwierige Art mit zahlreichen, quirlig stehenden Zweigen

Drepanostachyum

Horstige Gattung, Halme im oberen Teil spreiz-klimmend. Scheidenspreite nach unten weisend. Viele dünne Zweige, zur Hälfte halmumgreifend. Blätter deutlich gestielt, auffällige Zunge.

D. falcatum (Nees von Esenbeck) P. C. Keng
Syn. *Thamnocalamus falcata, Chimonobambusa falcata*

Heimat: Sikkim, Bhutan bis in 2300 m Höhe, Indien
Standort: warm, Vollschatten bis Halbschatten
Härte: bis −13 °C
Blatt: 15 cm lang
Zweige: zahlreiche feine Zweige
Halmscheide: dunkelrot
Halm: graugrün, dünn, aufrecht bis leicht überhängend
Höhe: 6 m
Ausbreitung: horstig
Verwendung: Kübelpflanze
Besonderheit: Abspreizen der Halmscheiden mit hochglänzender Innenseite, an der Halmspitze stehende Blätter sind oft viel größer

Drepanostachium hookerianum mit besonders schönen Halmen

D. hookerianum (Munro) P. C. Keng
Syn. *Arundinaria hookerana*

Heimat: Indien
Standort: Sonne bis Halbschatten
Härte: bis −18 °C
Blatt: 7–30 cm lang
Zweige: zahlreiche Zweige
Halmscheide: rosa-grün, trockene Reste haften
    lange am Halm
Halm: Längsstreifen in hellgelb, rosa, hellgrün,
    rahmweiß
Höhe: 6 m
Ausbreitung: horstig
Verwendung: Kübelpflanze, Wintergarten
Besonderheit: sehr farbiger Austrieb, junger Halm
    in der Sonne tiefrosa

Fargesia

Alle Bambus, die bisher unter dem Namen *Sinarundinaria* bei uns verbreitet waren, gehören nach jüngsten chinesischen Arbeiten in diese Gattung.

Wuchs horstig, Halme rund, Halmscheide abfallend, viele Zweige am Knoten.

F. murielae (Gamble) Yi
Syn. *Sinarundinaria murielae*

Heimat: Himalaya
Standort: Sonne bis Halbschatten
Härte: bis −30 °C
Blatt: 10 cm lang, 1,2 cm breit
Zweige: 10 und mehr pro Knoten, dünn
Halm: überhängend, im Austrieb weiß bemehlt,
    später gelb mit orange
Höhe: 4 m
Ausbreitung: horstig
Verwendung: Solitär, als Hecke

F. m. 'Weihenstephan'

Wie die Art, aber stärker im Wuchs

F. nitida (Mitford) P. C. Keng
Syn. *Sinarundinaria nitida*

Heimat: Himalaya
Standort: Halbschatten, vor allem in trockenen,
    heißen Sommern
Härte: bis −30 °C, auch der Wurzelballen hält Frost
    bis −15 °C aus
Blatt: 6 cm lang, 0,8 cm breit, dunkelgrün
Zweige: viele pro Knoten, dünn
Halm: weiß bemehlt, bläulich später dunkelgrün
    und rotbraun, aufrecht
Höhe: 4 m
Ausbreitung: horstig
Verwendung: Kübel, Hecke
Besonderheit: sehr winterhart

F. n. 'Eisenach'

Standort: Halbschatten, vor allem bei trockenen,
    heißen Sommern
Härte: bis −30 °C
Blatt: 6 cm lang, 1,0 cm breit, dunkelgrün

Zwanzig Jahre alter Bestand von *Pseudosasa japonica*

Zweige: viele pro Knoten, dünn
Halm: weiß bemehlt, bläulich nach dunkelgrün und
   rotbraun, überhängend
Höhe: 4 m
Ausbreitung: horstig
Verwendung: Kübel, Einzelstand
Besonderheit: sehr winterhart

F. n. 'Nymphenburg'

Standort: Halbschatten, vor allem bei trockenen,
   heißen Sommern
Härte: bis −30 °C
Blatt: 6 cm lang, 0,5 cm breit, dunkelgrün
Zweige: viele pro Knoten, dünn
Halm: weiß bemehlt, bläulich nach dunkelgrün und
   rotbraun, weich überhängend
Höhe: 4 m
Ausbreitung: horstig

Verwendung: Kübel, Einzelstand
Besonderheit: sehr winterhart, schmales, kleines
   Laub

F. spathacea Franchet
Syn. *Thamnocalamus spathaceus*

Heimat: Himalaya
Härte: bis −30 °C
Blatt: 10 cm lang, 1,2 cm breit
Zweige: viele pro Knoten
Halm: grün
Höhe: je nach Klon 1,5−4 m
Ausbreitung: horstig
Besonderheit: blühende »*Sinarundinaria murielae*«
   wurden zu (*Thamnocalamus*) *Fargesia spathacea*
   nachbestimmt. Die alten Pflanzen sind tot, es gibt
   mehrere Sämlinge.

Indocalamus tesselatus

Indocalamus

Halmscheide bleibend, Knoten nicht angeschwollen. Wenige Wimpern, mit borstigen Zähnchen besetzt, Blatt groß und derb.

I. latifolius (McClure et P. C. Keng)

Heimat: Nanking, China
Standort: Halbschatten bis Sonne, nicht zu heiß
Härte: bis −23 °C
Blatt: großes glänzendes Laub
Zweige: einzeln, aufsteigend
Halmscheide: Austrieb rötlich
Halm: dünne, grüne Halme
Höhe: 50 cm
Ausbreitung: kurze Ausläufer
Verwendung: gut zwischen höheren Ziersträuchern

I. tesselatus (Munro) P. C. Keng
Syn. *Sasa tesselata* (Munro) Makino et Shibata

Heimat: China
Standort: Halbschatten bis Vollschatten
Härte: bis −23 °C
Blatt: sehr groß, matt glänzend, dunkelgrün
Zweige: einzeln
Halmscheide: rot, schnell abfallend
Halm: dünne, grüne Halme, vom Laub
    heruntergebogen
Höhe: 1 m
Ausbreitung: bildet lockere Bestände
Verwendung: Unterpflanzung für Bäume und hohe
    Sträucher, Topfpflanze
Besonderheit: bekannt als Bambus mit dem größten
    Blatt

Otatea acuminata ssp. *aztecorum* im Kübel

Otatea

Heimat Mexico und Honduras, sympodiales (Rhizomneutrieb seitlich) Rhizom, anfänglich 3 Zweige pro Knoten, weitere Zweige später.

O. acuminata ssp. **aztecorum** (McClure et E. W. Smith) Guzman

Heimat: Mexico
Standort: sehr hell, warm
Härte: bis −3 °C
Blatt: schmal, 30 cm lang, 0,5 cm breit, hellgrün
Zweige: dünn, weich überhängend
Halmscheide: hellgrün, dicht weiß behaart
Halm: hellgrün, anfangs weiß bemehlt, rund
Höhe: 8 m
Ausbreitung: horstig

Verwendung: Kübelpflanze, Wintergarten, braucht auch im Winter sehr viel Licht
Besonderheit: sehr schmales Laub, zarte Erscheinung

Phyllostachys

Halmscheide bald abfallend, Halme wachsen aus Augen des Rhizoms, manchmal auch aus der Spitze. Alle Internodien des Rhizoms, des Halms und der Zweige sind oberhalb des Auges abgeflacht. Pro Knoten zwei ungleich starke Zweige, zwischen denen manchmal ein dritter, kleiner Zweig sitzt.

Der Standort ist für alle *Phyllostachys* gleich: In rauhen Gebieten, an der Grenze der Winterhärte, empfiehlt sich die Pflanzung so, daß sie die ganze Sommerwärme bekommen, die flach stehende Wintersonne aber von einem Gebäude oder einer

Pflanze abgeschattet wird. Sonne im Sommer und Sonnenschutz im Winter! Im milden Klima wollen *Phyllostachys* bei ausreichend Wasserversorgung voll sonnig stehen.

Das Laubblatt ist bei allen Arten etwa 10 cm lang und vor allem bei jungen Pflanzen sehr variabel. Als Größenangabe ist deshalb nur die Abweichung: »groß« bzw. »klein« angemerkt.

Die angegebenen Höhen sind die vermutlich erreichbaren, wenn das Klima nicht zu kalt ist. Auf sommerheißen, kontinental geprägten Standorten härten die Halme mehr aus, stehen aufrechter und werden höher (1. Angabe) als auf ozeanisch geprägten Standorten mit milden Wintern und kühlen Sommern, wo die Halme offenbar weicher und kleiner bleiben und mehr überhängen (2. Angabe)

P. angusta McClure

Heimat: Chekiang, China
Härte: bis −23 °C

Phyllostachys aurea als Kübelpflanze

Blatt: klein, selten Öhrchen, keine Wimpern, deutliche Zunge
Halmscheide: Scheide rahmfarben, lavendel getönt, wenige braune Tupfen
Halm: aufrecht, grün und glatt, Knotenring dicker als Scheidenring
Höhe: 7 m/2 m
Ausbreitung: kurze Ausläufer
Verwendung: Hain, Hecke
Besonderheit: elegante Haltung, sehr dichtes Holz

P. arcana McClure

Heimat: Anhwei, China
Härte: bis −18 °C
Blatt: ohne Öhrchen, Wimpern und Fransen
Halmscheide: lavendel-beige, vorstehende grüne Adern, locker rotbraun getupft, Zunge die Ränder hinablaufend, Spreite bandförmig, leicht gewellt, zurückgebogen
Halm: grün, bei Scheidenfall reichlich weißes Puder, unbehaart, gewöhnlich merkbar gerippt, Knoten- und Scheidenring vortretend, alte Halme manchmal schwarz gefleckt
Höhe: 9 m/4 m
Ausbreitung: Ausläufer

P. aurea Carrière ex A. et C. Riviere

Heimat: China
Härte: bis −18 °C im kontinentalen, bis −23 °C im ozeanischen Klima
Blatt: maigrün
Halmscheide: oliv, gedeckt rosa, Adern rötlich oder blaßgrün, Spreite schmal herabhängend
Halm: grün, in der Sonne leuchtend gelb werdend, basale Internodien gestaucht und verdickt, Nodien teilweise schräg gestellt
Höhe: 10 m/4 m
Ausbreitung: dichtstehende Halme, kurze Ausläufer
Verwendung: Hecke und Einzelstand, Kübelpflanze
Besonderheit: Verdickung der basalen Internodien ähneln der Gestalt des Glücksgottes Hotei. Chinesischer Name: »Hotei Chiku«

P. a. 'Holochrysa'

Die Färbung der Halme ist gelb bis orange, unabhängig von der Besonnung. Sehr gute Kübelpflanze

P. a. f. albo-variegata (Makino) Makino ex Nakai

Wie die Art, aber kleiner, Blatt weißbunt

P. aureosulcata McClure

Heimat: Chekiang, China
Härte: bis −30 °C
Blatt: locker stehend, klein
Halmscheide: blaß oliv, rot und creme gestreift, ohne Tupfen, Öhrchen mit wenigen, gelockten Wimpern gut entwickelt, Zunge groß, Spreite lanzettlich, abstehend
Halm: aufrecht, jung matt grün, rauh, Sulcus gelb, später ganz gelb, manchmal stark zickzack
Höhe: 10 m/5 m
Ausbreitung: lange Ausläufer, locker stehende Halme
Verwendung: Hain, Windschutzpflanzung, im Gebüsch über Staudenbeeten
Besonderheit: auffallende Halmfärbung, locker durchsichtige Laubkrone

P. bambusoides Siebold et Zuccarini

Heimat: China
Härte: bis −18 °C im kontinentalen, bis −23 °C im ozeanischen Klima
Blatt: sehr variabel, groß
Halmscheide: grün, dicht dunkelbraun getupft, Öhrchen mit grünen, gelockten Wimpern, große Zunge, Spreite abstehend, grün mit beigen Rändern
Halm: glänzend dunkelgrün, glatt, nicht bemehlt
Höhe: 10 m/6 m
Ausbreitung: Ausläufer, wenn es warm genug ist
Verwendung: Hain

P. b. 'Castilloni'

Wie die Art, aber Halm leuchtend gelb mit grünem Sulcus, einige Blätter mit einzelnen weißen Streifen, Austrieb durch rosa bis orangerote Blattscheiden sehr farbig, Zweighaltung sehr schön. Wertvolle, durch die Blüte 1966–68 fast verlorengegangene Sorte

P. b. 'Katashibo'

Wie die Art, aber Internodien wechselweise halbseitig gerieft

P. b. 'Violascens'

Wie die Art, aber kürzere Internodien. Halm fein längsgestreift, anfangs grün und gelb mit orange, das sich später vor allem im Schatten zu leuchtendem Purpurviolett verfärbt. Alte Halme zeigen zusätzlich kurze weiße Striche und in der Sonne dicht stehende braune Punkte

P. b. 'White Crookstem'

Wie die Form *geniculata*, jedoch mit weißem Puder überzogen, das im Alter die grüne Halmfarbe fast völlig verdeckt.

Links: *Phyllostachys aureosulcata*, grüner Halm mit gelbem Sulcus
Rechts: *Phyllostachys bambusoides*. Alle Arten und Sorten der Gattung eignen sich besonders gut für die Anlage eines Bambus-Haines

Phyllostachys bambusoides 'Castilloni', gelber Halm mit grünem Sulcus

P. b. f. **geniculata** (Nakai) Muroi
Syn. *P. b.* 'Slender Crookstem'

Wie die Art, aber Halmbasis manchmal abgebogen und dann wieder aufrecht, Knoten weniger erhaben

P. bissetii McClure

Heimat: Sichuan, China
Härte: bis −30 °C
Halmscheide: hell- bis gelbgrün, rot getönt, dünn und leicht spaltend
Halm: zur Spitze hin leicht überhängend
Höhe: 7 m/3 m
Ausbreitung: wenig Ausläufer
Verwendung: Hain, Hecke
Besonderheit: gute Härte und hoher Schmuckwert

P. decora McClure

Heimat: Kiangsu, China
Härte: bis −23 °C

Halmscheide: ungefleckt oder feine dunkle Punkte, dunkelgrün, hell gestreift, Spitze mit rotem Rand, Spreite rot aufrecht
Halm: aufrecht
Höhe: 6 m/4 m
Ausbreitung: etwas Ausläufer
Verwendung: Einzelpflanze, Hain
Besonderheit: schön farbiger Jungtrieb

P. flexuosa (Carrière) A. et C. Rivière

Heimat: China
Härte: bis −23 °C
Halmscheide: grün-beige mit engstehenden roten Adern und kleinen braunen Flecken, Zunge groß und dunkel, Spreite schmal und zurückgebogen
Halm: grün, später gelb und mit schwarzen Flecken, die mit den Jahren immer größer werden, Zickzack-Wuchs, weich überhängend oder ziemlich aufrecht
Höhe: 10 m/2 m

Ausbreitung: Ausläufer
Verwendung: Hain, Gebüsch und Kübelpflanze
Besonderheit: elegant in Halm und Zweigen

P. heteroclada Oliver
Syn. *P. congesta*

Heimat: Chekiang, China
Härte: bis −18 °C
Blatt: klein
Halmscheide: dunkelgrün, rötlich getönt. Spreite kurz und breit, keine Öhrchen, wenig Wimpern
Halm: sich rasch verjüngender Halm, aufrecht, fühlbar gerieft, Knoten- und Scheidenring erhaben
Höhe: 5 m/3 m
Ausbreitung: wenig Ausläufer
Verwendung: Hecke, Hain und Kübelpflanze
Besonderheit: zierlich und hübsch

P. heterocycla f. **pubescens** (Houzeau de Lehaie) Muroi in Sugimoto
Syn. *P. pubescens*

Heimat: China
Standort: warm
Härte: bis −23 °C
Blatt: klein bis ziemlich groß
Halmscheide: grüngrau, dicht braun gefleckt, borstig braun behaart, an kleinen Halmen Öhrchen mit langen Wimpern und eine große Zunge mit vielen schwarzroten, langen Fransen gesäumt
Halm: graugrün, samtig weiß behaart
Höhe: 8 m/3 m
Ausbreitung: Ausläufer nur bei viel Wärme
Verwendung: Kübel, Solitär
Besonderheit: In China wichtiges Nahrungsmittel, bei uns mangels Wärme nicht groß werdend

P. humilis Muroi

Heimat: China
Härte: bis −23 °C
Halmscheide: hellgrün mit roten Adern, dicht weiß behaart, Zunge groß, dunkel
Halm: hell olivgrün, Zweige fast waagerecht gestellt
Höhe: 5 m/3 m
Ausbreitung: Ausläufer
Verwendung: Hain, Kübel, Bonsai

Besonderheit: diese Art wird in Japan für die Kultur von Bonsai genommen

P. meyeri McClure

Heimat: Chekiang, China
Härte: bis −18 °C
Halmscheide: mattgrün, braun gefleckt, Basis mit einem Kranz weißer Haare, sonst kahl, ohne Öhrchen und Wimpern, Spreite gewellt, zur Halmspitze hin sehr lang
Halm: aufrecht
Höhe: 11 m/5 m
Ausbreitung: wenig Ausläufer
Verwendung: Hain

P. nidularia Munro

Heimat: China
Härte: bis −18 °C

Phyllostachys nigra
Aus: Farelly, The Book of Bamboo

Blatt: groß, hellgrün
Halmscheide: grün, große Öhrchen in die Spreite
  übergehend
Halm: Scheidenring anfangs behaart, Knotenring
  dick
Höhe: 8 m/3 m
Ausbreitung: kurze Ausläufer
Verwendung: Kübelpflanze, sehr dicht, gut für
  Dekoration
Besonderheit: Sehr frühe, schmackhafte Austriebe,
  beste Sprosse für die Küche

P. n. 'Smoothsheath'

Wie die Art, aber der Scheidenring ist kahl, die
Halmscheide ist unbehaart

P. nigra (Loddiges ex Lindley) Munro

Heimat: China
Standort: warm, sonnig
Härte: bis −18 °C im kontinentalen, bis −23 °C im
  ozeanischen Klima
Blatt: klein
Halmscheide: rosa-beige, oberes Ende ist dunkel
  gepunktet, Spreite ist klein, grün und gefältelt,
  Zunge mit Fransen und große Öhrchen mit
  Wimpern rot bis schwarzrot
Halm: grün nach dem Austrieb, in den ersten
  beiden Jahren über braun gepunktet nach
  rotbraun bis glänzend schwarz, überhängend
Höhe: 5 m/2,50 m
Ausbreitung: wenig kurze Ausläufer
Verwendung: Einzelstand, Kübelpflanze
Besonderheit: glänzend schwarze Halme

P. n. 'Fulva'

wie *P. nigra*, höher, Halm braun mit dunklen Punk-
ten, Blattkante dunkelbraun

P. n. f. boryana (Mitford) Makino

Heimat: China
Härte: bis −23 °C
Halmscheide: wie *P. nigra*
Halm: nicht schwarz sondern braun gefleckt,
  aufrecht
Höhe: 15 m/4 m
Ausbreitung: kurze Ausläufer

Verwendung: Einzelstand
Besonderheit: dekorative Halmfärbung

P. n. f. henonis (Mitford) Muroi

Heimat: Guangdong, Sichuan, China
Härte: bis −23 °C
Blatt: hellgrün glänzend, leicht gewellt
Halmscheide: lohfarben, rosa getönt, Spreite kurz,
  gewellt, dolchartig
Halm: grün bis gelb, bei hoher Sommerwärme
  bemehlt, weich überhängend bis aufrecht bis in
  die Spitze
Höhe: 16 m/5 m
Ausbreitung: horstig, Ausläufer nur bei viel Wärme
Verwendung: Solitär, mit Sträuchern
Besonderheit: Gestalt stark vom Klima beeinflußt

P. n. f. megurochiku Makino ex Tsuboi

wie *P. nigra* f. *henonis*, Halm grün nach ockerfarben,
Sulcus dunkelbraun

P. propinqua McClure

Heimat: Kwangsi, China
Härte: bis −30 °C
Blatt: dunkelgrün
Halmscheide: blaß oliv mit bronze, Spreite schmal,
  ohne Öhrchen und Wimpern
Halm: leuchtend dunkelgrün, schöne Zweighaltung
Höhe: 12 m/6 m
Ausbreitung: kaum Ausläufer
Verwendung: Einzelstand, Kübelpflanze

P. purpurata McClure

Heimat: Kwangtung, China
Härte: bis −18 °C
Blatt: klein und hellgrün. Vor dem Absterben
  färbt sich das Blatt deutlich unregelmäßig
  gelb. Die Blattscheide hat keine Öhrchen
  und Wimpern
Halmscheide: grün und kahl, oft an der Basis
  bläulich, Öhrchen und Wimpern klein oder
  fehlend, Spreite rot
Halm: dünn, überhängend und stark zickzack, vor
  allem der bezweigte Teil
Höhe: 5 m/2 m
Ausbreitung: wenig Ausläufer

Weit überhängende Halme von *Phyllostachys viridiglaucescens*

Verwendung: Hain, Kübelpflanze
Besonderheit: Färbung der Blätter, Halmform

P. p. 'Straightstem'

Wie die Art, aber 8 m/4 m, besser aufrecht

P. p. f. **solida** S. L. Chen
Syn. *P. purpurata* 'Solidstem'

Wie die Art, aber in der unteren Hälfte ist der Halm massiv, Heimat ist Anhwei, etwa 30 % kleiner als die Art

P. rubromarginata McClure

Heimat: China
Härte: bis −23 °C
Blatt: großes Laub, kleine Öhrchen mit kurzen Wimpern, Zunge mit langen dunkelroten Fransen

Halmscheide: olivgrün, gegen die Spitze rötlich, mit dunkelroter Kante, ohne Öhrchen und Wimpern, kurze, dunkelrot gefranste Zunge, gerade Spreite, unten anliegend, oben abstehend
Halm: grün nach gelb, kahl, Sulcus an unbezweigten Knoten kaum merkbar
Höhe: 8 m/4 m
Ausbreitung: wenig Ausläufer
Verwendung: Hain, Hecke, Kübelpflanze

P. viridiglaucescens (Carrière) A. et C. Rivière
fälschlich als *P. bambusoides*, *P. quilioi*

Heimat: China
Härte: bis −23 °C bzw. −30 °C
Blatt: glänzend grün, unterseits behaart und bläulich
Halmscheide: matt grün, rot geadert, dunkel gefleckt, große Öhrchen mit langen Wimpern, lange Spreite, etwas gefältelt

Halm: Knoten sehr erhaben, bei Scheidenfall Halm
bläulich bemehlt
Höhe: 10 m/6 m
Ausbreitung: teilweise lange Ausläufer
Verwendung: Gebüsch, Hain
Besonderheit: weit überhängende Halme

P. viridis (R. A. Young) McClure

Heimat: China
Härte: bis −18 °C bzw. −23 °C
Blatt: klein, Öhrchen und Wimpern sind nur an
jungen Halmen entwickelt
Halmscheide: kahl, hell mattrosa, Adern grün,
braun gepunktet, ohne Öhrchen und Wimpern,
Zunge mit borstigen Fransen, Spreite etwas
gewellt
Halm: mattgrün, kahl, Orangenhautstruktur,
unbezweigte Knoten nicht erhaben
Höhe: 16 m/7 m
Ausbreitung: in warmem Klima Ausläufer
Verwendung: Hain
Besonderheit: wärmeliebend, bald starke Halme
bildend: »Dicker Bambus«

P. v. 'Houzeau'

Wie die Art, aber gelber Sulcus

P. v. 'Robert Young'

Wie die Art, aber kleiner, Halm leuchtend goldgelb,
mit grünen Streifen, die von einem grünen Ring un-
terhalb des Knotens ganz oder teilweise das Internodium hinablaufen, Härte: bis −18 °C

P. vivax McClure

Heimat: Chekiang, China
Härte: bis −23 °C
Blatt: groß
Halmscheide: matt cremefarben, braun gefleckt,
ohne Öhrchen und Wimpern, Spreite bandför-
mig, sehr gefältet
Halm: nicht ganz gerade, gerieft, anfangs
bläulich
Höhe: 15 m/6 m
Ausbreitung: bei viel Wärme Ausläufer
Verwendung: Hain
Besonderheit: elegante Laubhaltung

Pleioblastus

Bleibende, ledrige Halmscheide mit gut entwickelter Spreite, im Lauf der Jahre mehrere Zweige pro
Knoten, Wimpern glatt, Austrieb im Frühjahr.

Die Gattung ist in 3 Sektionen eingeteilt, außer *P.
simonii* (Sect. Medakea) gehören alle hier aufgeführ-
ten Arten der Sektion Nezasa an. Alle Arten sind
Ausläufer bildend und lieben nahrhaften, feuchten
Boden. Großlaubige Arten wollen in Gegenden mit
trockenen, heißen Sommern (Weinbauklima) nicht
in voller Sonne stehen.

P. argenteostriatus (Regel) Nakai

Heimat: nur in Kultur bekannt
Standort: Halbschatten bis Vollschatten
Härte: bis −23 °C
Blatt: 15 cm lang, 1,8 cm breit, unregelmäßig und
unterschiedlich dicht weiß gestreift
Halm: grün, etwas überhängend
Höhe: 0,60 m
Ausbreitung: etwas Ausläufer
Verwendung: Einzelstand im Schatten,
Unterpflanzung in hohen Hecken
Besonderheit: dunkel blaugrün, weiß gestreift

P. chino (Franchet et Savatier) Makino

Heimat: Süd-Hokkaido, Nord- und Mittel-Honshu,
Japan
Standort: Sonne bis Halbschatten
Härte: bis −23 °C
Blatt: 20 cm lang, 1,8 cm breit
Halm: grün nach rotbraun, Scheide lang
haftend
Höhe: 1,50−2,50 m
Ausbreitung: wuchernd
Verwendung: freie Hecke

P. c. var. gracilis (Makino) Nakai

Heimat: Honshu, Japan
Standort: Halbschatten
Härte: bis −23 °C
Blatt: 13 cm lang, 1,2 cm breit, kahl
Höhe: 0,60 m, im Alter auch höher
Ausbreitung: kurze Ausläufer
Verwendung: als Gras im Staudenbeet

Pleioblastus chino var. *gracilis* 'Variegatus' mit feinen, weißen Streifen im Blatt

P. c. var. **gracilis 'Variegatus'**

Heimat: nur in Kultur bekannt
Standort: Halbschatten bis Vollschatten
Härte: bis −23 °C
Blatt: 11 cm lang, 1,1 cm breit, fein weiß gestreift,
   etwas verwaschen
Halm: grün
Höhe: 0,40 m, als alte Pflanze bis 2 m möglich
Ausbreitung: wenig Ausläufer
Verwendung: vor Immergrünen in Rabatten
Besonderheit: sehr zarte Erscheinung

P. c. var. **viridis** f. **humilis**
Syn. (fälschlich) *P. pygmaeus*

Heimat: Süd-Japan
Härte: bis −23 °C

Blatt: 18 cm lang, 2 cm breit
Halm: grün bis braun
Höhe: 60 cm
Ausbreitung: wuchernd
Verwendung: dichter Bodendecker

P. c. var. **viridis** f. **pumilus** (Makino) S. Suzuki
Syn. *Sasa pumila*

Heimat: Süd-Japan
Härte: bis −23 °C
Blatt: 20 cm lang, 2,5 cm breit
Halm: grün, in der Sonne rötlich, deutlicher
   Haarkranz an den Knoten
Höhe: 1,20 m
Ausbreitung: stark wuchernd
Verwendung: Bodendecker, kann gemäht
   werden

Pleioblastus fortunei, kräftig weißbunt, ideal als Unterpflanzung

P. fortunei (Van Houtte) Nakai

Heimat: nur in Kultur bekannt
Standort: Halbschatten bis Vollschatten
Härte: bis −23 °C
Blatt: 15 cm lang, 1,4 cm breit, beidseitig
  behaart
Halm: grün, kahl
Höhe: 0,40 m
Ausbreitung: etwas wuchernd
Verwendung: Bodendecker, Unterpflanzung, als
  Topfpflanze
Besonderheit: schöner, weißbunter
  Teppichbambus

P. pygmaeus var. **pygmaeus** (Miquel) Nakai

Heimat: Japan
Standort: Sonne bis Halbschatten
Härte: bis −30 °C

Blatt: kleine blaugrüne Blätter, zum Teil im Herbst
  weißtrocken werdend
Höhe: 30 cm
Halm: Scheidenring dicht, kurz behaart
Höhe: 0,40 m
Ausbreitung: wuchernd
Verwendung: Bodendecker, nur mit Gehölzen und
  starken Stauden vergesellschaften,
  Schmuckrasenersatz, Topfpflanze
Besonderheit: Deutlicher Wechsel des Aussehens
  mit den Jahreszeiten, weißgrün im Spätherbst

P. p. var. **distichus**

Heimat: nur in Kultur verbreitet
Standort: Sonne bis Halbschatten
Härte: bis −23 ° C
Blatt: 7 cm lang, 0,8 cm breit, ziemlich derb und
  starr, beidseitig kahl
Halm: grün, kahl, Halmscheide kahl

Pleioblastus chino var. *viridis* f. *humilis* wird oft unter dem Namen *P. pygmaeus* angeboten

Höhe: 0,40 m
Ausbreitung: wuchernd
Verwendung: Bodendecker, Topfpflanze

P. simonii (Carrière) Nakai

Heimat: Süd-Japan
Standort: Sonne bis Halbschatten
Härte: bis − 23 °C
Blatt: 25 cm lang, 2,5 cm breit
Halm: aufrecht
Höhe: 4 m
Ausbreitung: etwas Ausläufer
Verwendung: aufrechter Strauch

P. s. 'Heterophyllus'

Blatt: Laub unterschiedlich breit und teilweise weiß
    gestreift
Höhe: 2 m

Ausbreitung: Ausläufer
Verwendung: Hecke und Gebüsch
Besonderheit: unterschiedliche Blätter an derselben
    Pflanze

P. viridistriatus (Siebold) Makino
Syn. *Arundinaria auricoma*

Heimat: nur in Kultur bekannt
Standort: Halbschatten bis Vollschatten
Härte: bis −23 °C
Blatt: 20 cm lang, 2,5 cm breit, beidseitig samtig
    behaart, im Frühjahr gelb mit einigen grünen
    Streifen, im Lauf des Jahres vergrünend
Höhe: 2 m
Ausbreitung: Ausläufer
Verwendung: zusammen mit Immergrünen, unter
    hohen Gehölzen, Kübel
Besonderheit: sehr schönes gelbgrünes Laub, im
    Sommer grün werdend

Pseudosasa japonica, liebt auch Schatten

Pseudosasa

Bleibende Halmscheiden, Zweige einzeln oder bis 3 an nicht angeschwollenen Knoten, Wimpern wenige, glatt oder fehlend, Rhizome sympodial verzweigt, neuer Jahrgang aus seitlichen Augen (vergleiche *Sasamorpha*)

P. japonica (Siebold et Zuccarini ex Steudel) Makino ex Nakai

Heimat: Süd-Japan, Korea
Standort: Halbschatten bis Vollschatten
Härte: bis −23 °C
Blatt: 30 cm lang, 3 cm breit, ledrig glänzend
Zweige: nur am Halmende
Halm: grün, Scheide bleibt haften
Höhe: 3 m
Ausbreitung: etwas Ausläufer

Verwendung: Einzelstand, Hecke, Kübel
Besonderheit: die Varietät *P. j. tsutsumiana* hat
    flaschenförmig verdickte Internodien, ist aber
    nicht ausreichend frosthart

Sasa

Bleibende Halmscheiden, Zweige einzeln, sympodiale Rhizome, Halme aufstrebend, Knoten stark angeschwollen, Halmscheide meist kürzer als das Internodium, große, rechtwinklig abstehende Wimpern, die auf der ganzen Länge gezähnt sind (vergleiche *Sasaella*).

S. kagamiana Makino et Uchida

Heimat: Nord-Honshu, Japan
Standort: Halbschatten bis Vollschatten

Pleioblastus fortunei ist ein sehr robuster Bodendecker

Härte: bis −23 °C
Blatt: 30 cm lang, 6 cm breit, ledrig, endständig
Halm: Halmscheide deutlich weiß behaart
Höhe: 2 m
Ausbreitung: etwas Ausläufer
Verwendung: im Schatten
Besonderheit: junger Halm auffällig weiß behaart

S. kurilensis (Ruprecht) Makino et Shibata

Heimat: Korea, Japan, Sachalin und die Kurilen
Standort: Sonne bis Halbschatten
Härte: bis −30 °C
Blatt: 20 cm lang, 4 cm breit, glänzend
Zweige: mit dem Halm auf gleicher Höhe
    endend
Halm: kahl, weiß bemehlt
Höhe: 2,50 m
Ausbreitung: Ausläufer
Verwendung: flächige Pflanzung

S. palmata (Bean) Camus

Heimat: Japan
Standort: Sonne bis Vollschatten
Härte: bis −30 °C
Blatt: 30 cm lang und 10 cm breit, ledrig,
    kahl
Halm: grün, weiß bemehlt; *S. p.* f. *nebulosa* braun
    gefleckt
Höhe: 2 m
Ausbreitung: kurze Ausläufer
Verwendung: Einzelstand, für Hecken

S. tsuboiana Makino

Heimat: Honshu und Shikoku, Japan
Standort: Sonne bis Vollschatten
Härte: bis −23 °C
Blatt: 25 cm lang, 5 cm breit
Höhe: 1 m

Sasa palmata hat besonders breite Blätter

Ausbreitung: wenige, kurze Ausläufer
Verwendung: kleiner Busch

S. veitchii (Carrière) Rehder

Heimat: Südwest-Honshu, Japan
Standort: Vollschatten
Härte: bis −23 °C
Blatt: 25 cm lang, 5 cm breit, ledrig dunkelgrün, ab
    Herbst mit weißtrockenem Rand
Höhe: 1,5 m
Ausbreitung: etwas Ausläufer
Verwendung: Unterpflanzung, am besten vor
    Immergrün
Besonderheit: schön weiß gerandet

S. v. 'Minor'

Heimat: Hokkaido bis Kyushu, Japan
Standort: Sonne bis Vollschatten
Härte: bis −23 °C
Blatt: 8 cm lang, 1,5 cm breit, bald mit trockenem
    Rand, unterseitig samtig behaart

Höhe: 0,4 m
Ausbreitung: wuchernd
Verwendung: guter Bodendecker
Besonderheit: waagerecht stehendes, weiches Laub
    mit dekorativ, weißtrockenem Rand

Sasaella

Bleibende Halmscheide und sympoidales Rhizom,
Halme aufrecht, Knoten deutlich angeschwollen,
Zweige meist einzeln, manchmal 2–3, Wimpern an-
liegend und glatt außer einer gezähnten Basis.

S. masamuneana (Makino) Hatusima et Muroi
Syn. *Arundinaria purpurea*

Heimat: Honshu und Kyushu, Japan
Standort: Sonne bis Halbschatten
Härte: bis −23 °C
Blatt: 18 cm lang, 5 cm breit
Zweige: einzeln wechselständig

Semiarundinaria fastuosa, Säulenbambus, gut geeignet für eine Hecke

Halm: grün nach rot
Höhe: 2 m
Ausbreitung: etwas Ausläufer
Verwendung: Gebüsch
Besonderheit: auffallend roter Halm

S. ramosa (Makino) Makino
Syn. *Sasa pygmaea*

Heimat: Japan
Härte: bis −30 °C
Blatt: 15 cm lang, 2 cm breit, oberseits dünn,
    unterseits dicht weiß behaart
Zweige: einzeln
Halm: grün, relativ dünn
Höhe: 0,6 m
Ausbreitung: stark wuchernd
Verwendung: Bodendecker auf großen Flächen

Sasamorpha

Bleibende Halmscheiden, Rhizom monopodial verzweigt (der neue Jahrgang wächst aus der Spitze des Rhizoms), Halme immer einzeln stehend, keine Wimpern

S. borealis (Hackel) Nakai

Heimat: Ost- und Süd-Japan, Korea
Standort: Halbschatten bis Vollschatten
Härte: bis −23 °C
Blatt: 16 cm lang, 2,2 cm breit, glänzend
    dunkelgrün, frühzeitig weißtrockener Rand
Zweige: am Halmende gehäuft
Halm: Scheide rot, Halm grün nach rot
Höhe: 2 m

Ausbreitung: Ausläufer
Verwendung: Unterpflanzung von großen Bäumen,
  als Schattenstrauch

Semiarundinaria

Die Halmscheide, gleich abgestoßen, hängt noch
eine kurze Zeit trocken am Knoten, bevor sie ab-
fällt; zylindrische Internodien, oberhalb der Zweige
sind sie leicht abgeflacht, 3 Zweige pro Knoten, im
Lauf der Jahre viele (vergleiche *Phyllostachys*).

S. fastuosa (Mitford) Makino ex Nakai

Heimat: Südwest-Honshu, Japan
Standort: warm
Härte: bis −23 °C
Blatt: 20 cm lang, 2,5 cm breit
Zweige: 3–8 kurze Zweige pro Knoten
Halm: straff aufrecht, grün nach rotbraun

Thamnocalamus tesselatus

Höhe: 7 m
Ausbreitung: kurze Ausläufer
Verwendung: Säulenform, hohe Hecke
Besonderheit: für seine Höhe ungewöhnlich
  aufrecht, dicker Halm

S. yashadake (Makino) Makino

Heimat: Japan
Härte: bis −23 °C
Blatt: 20 cm lang, 4 cm breit, dünn, etwas plissiert,
  lange Wimpern
Zweige: 3–8 pro Knoten
Halm: grün, Scheidenbasis behaart
Höhe: 4 m
Ausbreitung: starke Ausläufer
Verwendung: wüchsiges Gebüsch, freie Hecke

Shibataea

Halmscheiden abfallend, Blattscheiden nicht entwickelt, Ausläufer bildend

S. kumasasa (Zollinger ex Steudel) Makino ex
Nakai

Heimat: Japan
Standort: warmfeucht, kalkliebend
Härte: bis −23 °C
Blatt: 10 cm lang, 2,5 cm breit
Zweige: kurze Zweige geben den Eindruck quirlig
  stehender Blätter
Halm: grün
Höhe: 0,8 m
Ausbreitung: etwas Ausläufer
Verwendung: Bodendecker, als Topfpflanze, zu
  Schattenstauden
Besonderheit: besonders breites, kurzes Laub

Thamnocalamus

T. falconeri J. D. Hooker ex Munro
Syn. *Arundinaria falconeri*

Heimat: Indien
Standort: Halbschatten

Härte: bis −13 °C
Blatt: 10 cm
Zweige: viele Zweige
Halmscheide: matt rot nach strohfarben, innen
    hochglänzend
Halm: olivgrün, in der Sonne mattgelb
Höhe: 8 m bei ausreichendem Wurzelraum
Ausbreitung: horstig
Verwendung: Kübelpflanze, Wintergärten
Besonderheit: Halmknoten dunkelrot gefärbt

T. spathiflorus (Trinius) Munro

Heimat: Indien
Standort: heller Halbschatten
Härte: bis −13 °C
Blatt: 15 cm, dünn
Zweige: 2−3, später mehrere
Halmscheide: hellgrün, rot gepunktet, haarig,
    abfallend
Halm: leuchtend grün, in der Sonne rot verfärbt
Höhe: 4 m

Ausbreitung: horstig
Verwendung: Kübelpflanze, Wintergarten

T. tesselatus (Nees van Esenbeck) Soderstrom et Ellis
Syn. *Arundinaria tesselata*

Heimat: Süd-Afrika
Standort: Sonne
Härte: bis −23 °C
Blatt: 12 cm, blaugrün
Zweige: viele, erst im 2. Jahr erscheinend
Halmscheide: blaßgrün mit rosa später
    trockenweiß, sehr lange haftend
Halm: grün nach braun, in der Sonne leuchtend rot,
    aufrecht
Höhe: 2−4 m an warmen, feuchten Stellen
Ausbreitung: locker stehende Halme, nicht
    wuchernd
Verwendung: kleiner Strauch im hausnahen
    Bereich
Besonderheit: durch blaugrünes Laub, roten Halm
    und weiße Halmscheiden ist diese Art sehr farbig

Pflanzung und Pflege von Bambus

Der Kauf einer Bambuspflanze

Bambuspflanzen werden in Baumschulen und Gärtnereien als Containerpflanzen angeboten. Man kann Bambus also theoretisch das ganze Jahr über pflanzen. Bessere Bewurzelung und bessere Chancen, den ersten Winter unbeschadet zu überstehen, hat ein Bambus allerdings, wenn man ihn in der ersten Jahreshälfte pflanzt. Der Bambus hat zu dieser Zeit in seinen Rhizomen so viele Reserven gespeichert, daß neue Halme heranwachsen können, ohne daß die Pflanze eingewurzelt ist. Nach der oberirdischen Wachstumsperiode im Frühling und Sommer beginnen im Juni–Juli die Rhizome zu wachsen und Wurzeln zu bilden. Ist der Bambus bis zu diesem Zeitpunkt bereits an seinem endgültigen Standort, werden sich keine allzugroßen Unterbrechungen in seiner Entwicklung zeigen. Vor allem aber garantiert die neue Bewurzelung eine ausreichende Versorgung mit Feuchtigkeit im folgenden Winter. Die Pflanze wird widerstandsfähiger gegen Kälte und Austrocknung.

Bambuspflanzen, die man im Herbst setzt, sehen dekorativer aus, denn sie haben ja schon die Halme des vergangenen Frühjahrs. Da die meisten Bambus-Arten vom Spätsommer bis zum Frühjahr eine Ruheperiode haben, werden sich aber keine neuen Rhizome mehr bilden. Diese im Herbst gepflanzten Bambuspflanzen brauchen also im Winter mehr Aufmerksamkeit, müssen bei Trockenheit gewässert und bei Frost geschützt werden. Man darf Bambus nicht mit anderen Gehölzen vergleichen, die man im Herbst pflanzt, damit sie sich im Frühjahr gut bewurzeln. Bei Bambus erfolgt, wie auf Seite 31 beschrieben, zuerst der Austrieb der Halme und dann das Wachstum des Rhizoms, jedenfalls bei den meisten Arten.

Der Kauf eines Bambus ist aus zweierlei Gründen Vertrauenssache: Einmal kann man schlecht im Container das Rhizom ausgraben, um nachzusehen, ob es auch wirklich intakt und mit kräftigen Augen versehen ist – eine Voraussetzung zur guten Entwicklung jeder Bambuspflanze. Zum anderen sieht man einer Containerpflanze oberirdisch nicht immer an, was sie bringen wird. Vor einigen Jahren wurden zum Beispiel oberirdisch wunderschön aussehende *Phyllostachys aurea* aus dem Mittelmeerraum angeboten. Erst später stellte sich heraus, daß diese Pflanzen aus überalterten, verwilderten Beständen herausgestochen worden waren. 80 Prozent dieser Pflanzen schoben deshalb keine neuen Triebe mehr.

Man wird einen Bambus also möglichst in einem renommierten Gartenbau-Betrieb kaufen, wenn möglich in einem, der auf Bambus spezialisiert ist und die »Jungpflanzen« selbst heranzieht.

Wichtig ist, daß man eine vitale Pflanze kauft, die bereits ausreichend junge Rhizome gebildet hat. Lediglich bei horstigen Bambus-Gattungen, etwa bei *Fargesia*, kann der oberirdische Teil der Pflanze etwas über Qualität und Vitalität aussagen. Wenn Pflanzen dieser Gattungen bereits im Container ausreichend Halme haben, sind sie in Ordnung. Bei Ausläufer treibenden Bambus-Gattungen allerdings – und das ist die Mehrzahl – sagt die Menge und Dicke der Halme nicht unbedingt etwas über ihre Qualität und Vitalität aus. Es kann durchaus sein, daß eine Containerpflanze nur einen oder zwei einjährige Halme hat und dennoch sehr viele Rhizome. Eine solche Pflanze wird sich im Garten sehr gut entwickeln. Oft wird man auch eine Containerpflanze angeboten bekommen, die sowohl dicke, mehrjährige Halme als auch dünnere, einjährige hat. Das heißt: Dieser Bambus wurde aus einer großen Pflanze geteilt. Die dicken Halme wuchsen noch aus dem gesamten Rhizom, die dünneren haben sich bereits aus den neuen Rhizomen des geteilten Stückes entwickelt. Wenn sich das Teilstück gut mit einjährigen Halmen bestückt hat, ist gegen eine solche Pflanze nichts einzuwenden. Außer an der Dicke der Halme kann man das Alter einer Bambuspflanze auch an der Verzweigung erkennen. Je älter ein Halm ist, desto stärker ist die Verzweigung. Grundsätzlich sollte man Bambuspflanzen kaufen, die nicht zu alt sind, gut entwickelte Rhizome und junge Halme haben. Große, alte Bambuspflanzen entwickeln sich nach dem Auspflanzen nicht besser als junge Pflanzen.

Standort

Den Standort eines Bambus im Garten wird man in erster Linie nach optischen Gesichtspunkten aussuchen. Er soll dekorativ wirken und mit anderen Pflanzen harmonieren. Man darf aber über dem ästhetischen Aspekt die Bedürfnisse der Pflanze nicht außer acht lassen. Bambus ist sehr abhängig vom Klima und vom Wasserangebot. Viele Bambus-Arten mögen volle Sonne, andere wieder stehen gerne absonnig oder im Halbschatten. Bodendeckende Bambus-Arten, wie *Sasa*, *Sasaella* und *Pleioblastus* vertragen sogar starken Schatten. Enttäuschungen sind unvermeidlich, wenn auf diese Bedürfnisse keine Rücksicht genommen wird. Ein noch so schöner *Phyllostachys*, an einer schattigen, kühlen Ecke der Terrasse, wo er vermutlich besonders dekorativ aussieht, wird nach kurzer Zeit gar nicht mehr gut aussehen, weil er nicht genügend Wärme bekommt und deshalb auch keine kräftigen neuen Halme mehr bildet. *Sasa*-Arten, die als Unterpflanzung ideal sind, werden unansehnlich und struppig, wenn sie als Rasenersatz in der vollen Sonne stehen. In ihren Heimatländern vertragen diese Bambus-Arten die Sonne eher, weil die Luftfeuchtigkeit sehr hoch ist. Bei uns, im trockenen warmen Klima, treten bald Trockenschäden auf, die Pflanzen vergilben und gehen ein.

Kein Bambus mag scharfen Wind. Man wird also den Standort auch danach aussuchen müssen. Der Wind trocknet die durstigen Bambuspflanzen zu rasch aus. An sehr windgeschützten Stellen, etwa an Mauern, in Nischen oder Innenhöfen, wo eine Wand am Abend noch Wärme ausstrahlt, die sie tagsüber speichert, gedeihen Bambus-Arten hervorragend, die eigentlich in ein wärmeres Klima gehören. Man kann in geschützten Hinterhöfen in Städten zum Beispiel beobachten, daß dort Bambus geradezu tropisch gedeiht. Er ist vom Wind geschützt und ringsum von wärmeabstrahlenden Wänden umgeben. Und auch im Winter wird es dort nie so kalt, wie draußen »auf dem freien Land«. Wie bei jeder anderen Pflanze auch, spielt bei Bambus das Kleinklima eine große Rolle. In einem Innenhof, einem Garten, der von einer dichten Hecke umgeben ist, gedeiht Bambus besonders gut. Wenn diese Hecke aus Bambus besteht – denn bestimmte Bambus-Arten eignen sich gut als Heckenpflanzen – muß man wegen des Windes keine Bedenken haben. Die dichtbelaubten Pflanzen schützen sich gegenseitig vor der Austrocknung.

Bei Bambus-Arten, die im Sommer volle Sonne gut vertragen, sollte man darauf achten, daß sie im Winter etwas beschattet werden. Bei allen immergrünen Pflanzen, also auch bei Bambus, ist Wintersonne bei Frost gefährlich. Wenn es also irgend möglich ist, pflanzt man einen Bambus so, daß er im Winter bei schrägstehender Sonne von einem Baum beschattet wird. Auch wenn dieser Baum unbelaubt ist, reicht der Schatten der Äste und Zweige aus, um Schäden zu vermeiden.

Wenn man Bambus pflanzt, darf man nicht vergessen, daß er unter Umständen sehr groß wird und nicht nur in die Höhe, sondern auch in die Breite wächst. Eine Solitärpflanze wie *Fargesia* kann mit ihren überhängenden Halmen gut und gerne nach einigen Jahren einen Durchmesser von mehr als fünf Metern erreichen. Das sollte bei der Wahl des Standortes bedacht werden.

Bei der Auswahl des Standortes für einen Bambus, der Ausläufer bildet, ist auch das unterirdische Wachstum der Pflanze zu berücksichtigen und die eventuell sehr stürmische Ausbreitung zu bedenken. Ein stark Ausläufer bildender Bambus mitten in einem gepflegten Rasen ist nicht unbedingt das, wovon der Besitzer eines kleinen Gartens träumt, ebensowenig möchte er Bambus in allen Blumenrabatten sehen. Wer einen Gartenteich hat, muß daran denken, daß die Teichfolie unter Umständen von den Spitzen der Rhizome durchbohrt wird. Heute sind allerdings spezielle Teichfolien im Handel, die stärker als 0,5 mm sind. Bei ihnen ist die Gefahr, daß sie durch Rhizome beschädigt werden, geringer. Man darf auch nicht vergessen, daß der Nachbar nicht unbedingt damit einverstanden ist, daß sich der Bambus auch in seinem Garten ausbreitet.

Boden

Bambus stellt an den Boden keine besonderen Ansprüche. In extrem schweren Böden und in reinen

Sandböden gedeiht er nicht so üppig, aber Böden kann man verbessern. Bambus mag allerdings überhaupt keine Staunässe. Man wird also darauf achten müssen, daß der Bambus niemals im Grundwasserbereich steht und auch nicht in Böden, in denen das Wasser nicht abfließen kann. Man trifft vor allem in Neubaugebieten oft aufgeschüttete Gärten an, in denen auf einer von Baumaschinen verdichteten Lehmschicht nur eine ganz dünne Krume Mutterboden aufgebracht ist. Hier staut sich das Regenwasser, und das mag der Bambus nicht. Die Rhizome faulen, die Pflanze geht ein. Ideal ist eine 30 bis 50 cm starke, gut durchlüftete Schicht humosen Bodens über einer Schicht lehmhaltiger Erde. Das ist natürlich nicht überall zu haben. Also wird man selbst etwas dazu tun müssen, um dem Bambus den optimalen Boden zu bieten.

Wo die Erde sehr durchlässig ist, wird man die Pflanze öfter gießen müssen, denn Bambus braucht viel Wasser. Wie alle Flachwurzler und alle Gräser hat Bambus einen schnellen Wasserumsatz.

Wo der Boden stark verdichtet ist, zum Beispiel durch den Einsatz von Baumaschinen, muß der Boden gelockert werden. Man muß unter Umständen sehr tief graben, bis die verdichtete Schicht durchbrochen ist. Das gilt übrigens nicht nur für Bambus, sondern auch für alle anderen großen Pflanzen. Wenn man das Pflanzloch so tief ausgehoben hat, daß man wieder auf durchlässigen Boden stößt, bringt man eine Kiesschicht als Drainage ein, darauf eine Schicht guten Gartenboden, und darauf pflanzt man den Bambus.

Will man Bambus an ein natürliches Gewässer setzen, was wunderschön aussieht, muß man darauf achten, daß das Ufer, auf das man den Bambus pflanzt, mindestens 30 cm höher ist als der normale Wasserstand des Baches oder Teiches.

So pflanzt man einen Bambus

Hat man eine oder mehrere Containerpflanzen in der Baumschule oder der Staudengärtnerei gekauft und den Standort sorgsam und überlegt ausgesucht, kann es ans Pflanzen gehen. Das ist denkbar einfach. Man hebt ein Loch aus, etwas größer im Durchmesser als der Container. Dabei wird man feststellen, ob wegen der Bodenverdichtung tiefer zu graben ist, als der Container reicht, oder nicht. Nun

Ein geteilter *Phyllostachys aurea* wird eingepflanzt

wird der Plastikcontainer entfernt. Unter Umständen muß man ihn mit einer Blechschere oder einer starken Gartenschere aufschneiden.

Bei sehr leichten Böden darf man die Bambuspflanze um ein geringeres tiefer setzen, als sie vorher im Container stand. Die Oberfläche wird mit leichtem Gartenboden überdeckt. Man verhindert dadurch, daß sich in den folgenden Wochen die Rhizome ans Licht schieben und zu Halmen auswachsen. Hat man allerdings einen relativ schweren Gartenboden, darf man den Bambus nur so tief pflanzen, wie die Pflanze im Container stand. Wo Bambus natürlich vorkommt und deshalb auch kräftiger und größer ist, schaffen es die starken Rhizome großer Bambushaine meistens, sich einer dickeren Erdschicht anzupassen, indem die neuen Rhizome nach oben wachsen. Aber bei den Gartenpflanzen, wie sie bei uns kultiviert werden, kann man sich darauf nicht verlassen.

Nach dem Einpflanzen wird die Bambuspflanze gut angegossen und die Erde festgetreten. Bei der Frühjahrspflanzung sollte man darauf achten, daß man keine Neutriebe abtritt, die vielleicht bereits einige Zentimeter aus der Erde gestoßen sind. Damit der Bambus gut anwächst, wird er gleich nach der Pflanzung, gleichgültig in welcher Jahreszeit, mit einer Mulchdecke gegen Verdunstung geschützt. Dafür eignet sich gut halbverrotteter Kompost, abgefallenes Laub von Bäumen und Büschen (aber kein Kastanienlaub und kein Laub von Nußbäumen, denn die Blätter dieser Bäume enthalten viel Gerbsäure). Torf eignet sich nicht, weil er das Wasser aus der Erde zieht, also genau das Gegenteil von dem bewirkt, das man mit dem Mulchen bezweckt. Verwendet man frisch geschnittenen Grasmulch, sollte dieser mit kleingehackten Zweigen vermischt werden, weil er sonst beim Verrotten zu heiß wird. Auch mit Sägespänen oder mit Heu und Stroh kann man den Fuß des Bambus bedecken. Das Mulchmaterial läßt man von oben in die Pflanze rieseln, die Mulchschicht kann, außer bei frischem Gras, gut und gerne 20 cm dick sein.

Pflanzt man einen Bambus aus dem Plastikcontainer in einen Kübel aus Holz, Ton oder anderem Material, geht man ähnlich vor. Allerdings sollte das Pflanzgefäß auch wirklich groß genug sein, damit es der Pflanze genügend Wurzelraum zum Erreichen der gewünschten Höhe bietet. Wählt man den Kübel zu klein, muß man unter Umständen schon im darauffolgenden Jahr wieder umtopfen, weil die Pflanze dann über das Topf-Optimum hinauswächst und hungert, weil sich zu viele Halme bilden. Besonders wichtig ist, daß der Pflanzkübel ausreichend große Abzugslöcher hat.

Umpflanzen von Bambus

Sollte es notwendig werden, einen im Garten bereits gut angewachsenen Bambus zu verpflanzen – etwa, weil man festgestellt hat, daß der Standort nicht optimal ist, oder weil man den Garten umgestaltet, oder, was auch vorkommt, weil man umzieht und den Bambus in den neuen Garten mitnehmen will –,

Ein Hanfseil zwischen zwei kräftigen Pflöcken hindert hohe Halme am Umfallen

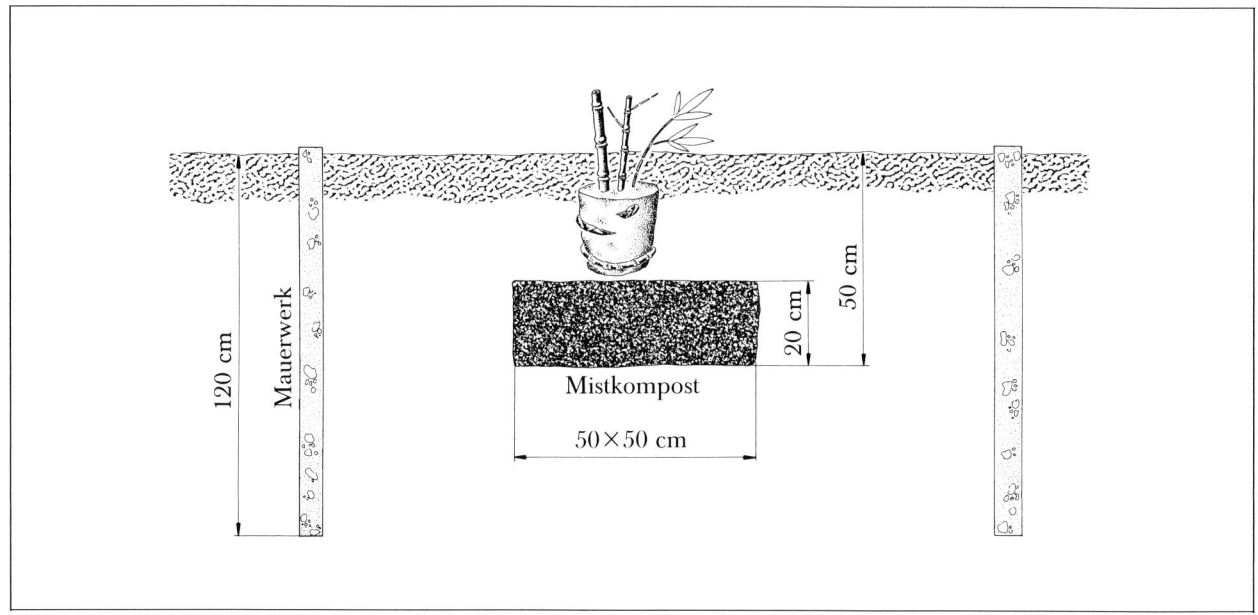

Wird eine Bambuspflanze aus dem Container in den Garten ausgepflanzt, sollte man sie nicht tiefer in die Erde setzen, als sie vorher im Container stand. Nur bei sehr leichten Böden darf man die Pflanze etwas tiefer setzen. Nach dem Pflanzen schützt eine Mulchschicht die Erde vor dem Verdunsten. Als Nahrungsdepot gibt man unten in die Pflanzgrube Mistkompost. Ausläufertreibende Bambus-Arten kann man mit Betonplatten, Welleternit oder Mauerwerk im Wachstum eingrenzen.

muß man damit rechnen, daß dieses Umpflanzen die Pflanze schwächt. Das Rhizom und die Feinwurzeln werden immer beschädigt, auch wenn man noch so sorgsam vorgeht. Deshalb muß man den günstigsten Zeitpunkt für das Umpflanzen wählen. Die beste Zeit ist entweder kurz vor dem Neuaustrieb oder dann, wenn das Wachstum der neuen Halme abgeschlossen ist. Das ist der Zeitpunkt, bevor das Rhizom zu wachsen beginnt. Das Wachstum der Rhizome sollte nicht durch Umpflanzen oder Teilen gestört werden. Es ist ohnehin besser, nicht eine ganze Pflanze an einen neuen Standort zu stellen. Besser ist es, Teile mit nur wenigen Halmen oder, zum Beispiel bei *Pleioblastus*, abgestochene Rhizomteile zu versetzen. So bilden sich vitalere Pflanzen als beim Verpflanzen einer großen Pflanze. Dabei kann es nämlich passieren, daß sie in der Mitte keine Halme mehr treibt, weil sich die Rhizome ja nach außen entwickeln und die alten Rhizome im Innern der Pflanze durch das Ausgraben verletzt werden und absterben.

Nach dem Umpflanzen kann es der Pflanze helfen, wenn man sie eine Woche lang unter einer beschatteten Folie in gespannter Luft hält. Um die Blattmasse zu reduzieren, hilft es auch, nach dem Umpflanzen die Seitenäste um ein bis zwei Drittel zurückzuschneiden. Das ist wichtig, weil das noch nicht angewachsene Rhizom zu wenig Feuchtigkeit aus der Erde nimmt.

Bambusbesitzer haben festgestellt, daß beim Umpflanzen großer, gut entwickelter Pflanzen oft mehrere Jahre vergehen, bis sich der Bambus wieder in voller Größe und Schönheit präsentiert. Man kann das aber nicht als Regel ansehen. Es kommt auf den Zustand der Pflanze an, auf die Bambus-Art und auch darauf, welche Wachstumsbedingungen die Pflanze an ihrem neuen Standort vorfindet.

Gießen und Düngen

Bambuspflanzen sind sehr durstige und sehr hungrige Pflanzen. Sie brauchen viel Wasser, weil ihre zahlreichen und sehr dünnen Blätter viel Feuchtigkeit verdunsten. Bambus im Garten darf nicht allein auf das Regenwasser angewiesen sein. Man rekapituliere: In der ursprünglichen Heimat des Bambus regnet es häufiger und über das Jahr verteilt; die Luft ist feucht. Man wird also seinen Bambus bei länger anhaltender Trockenheit gießen müssen, auch zwischen Frostperioden im Winter. Steht ein Bambus zu trocken, rollen sich die Blätter ein. Das ist ein Schutz gegen die Verdunstung. Die Blätter verkleinern durch das Einrollen ihre Oberfläche, so verdunstet weniger Feuchtigkeit. Hat der Bambus die Blätter eingerollt und man gießt ihn kräftig, entrollen sie sich bald wieder, werden glatt und schön. Sie vertrocknen also nicht gleich, wie wir das bei einigen unserer heimischen Gartenpflanzen kennen. Einige Bambus-Arten, die aus den Nebelzonen des Himalaja stammen (z. B. *Fargesia*, *Arundinaria* und einige *Thamnocalamus*), rollen trotz ausreichender Bodenfeuchte die Blätter ein, wenn es im Sommer sehr heiß ist und sie in der vollen Sonne stehen. Das ist ein Selbstschutz.

Es genügt also nicht, einfach die Blätter zu beobachten. Man muß abschätzen können, wie trocken der Boden im Garten – oder im Kübel – geworden ist und ob und wann es notwendig ist, zu gießen. Vor allem im Kübel muß man beim Gießen viel Fingerspitzengefühl entwickeln. Hier kann man sehr schnell zuviel des Guten tun. Wenn Staunässe entsteht, faulen die Rhizome und Wurzeln und die Pflanze geht ein.

Wer ein stolzer Besitzer eines Bambushaines oder einer Hecke aus Bambus ist, kann sich die Arbeit erleichtern. Man legt einfach einen Sprühschlauch zwischen die Pflanzen oder einen Schlauch, den man in regelmäßigen Abständen mit kleinen Löchern versehen hat. Das Wasser, das mit geringem Druck durch den Schlauch läuft, bewässert so den gesamten Hain oder die Hecke, ohne daß man dabeistehen und »spritzen« muß. Größere Bestände von Bambus sind allerdings nicht so gefährdet, auszutrocknen, wie Solitärpflanzen, weil sie sich ausreichend selbst beschatten.

Bambus braucht viel Dünger, etwa dreimal soviel wie Mais – und Mais ist eine außerordentlich stickstoffbedürftige Pflanze. In Japan düngen die Besitzer wertvoller Bambusplantagen mit Pferdemist, weil dieser einen sehr hohen Stickstoffanteil hat. Wer Gelegenheit hat, an halb verrotteten Pferde- oder auch Kuhmist zu gelangen, sollte seinen Bambus im Herbst oder im zeitigen Frühjahr damit reichlich düngen.

Reitställe sind meist froh, wenn sie ihren Mist abgeben können, weil sie ihn landwirtschaftlich nicht nutzen können. Die Gelegenheit sollte man ergreifen. Wenn man frischen Mist im Sommer kompostiert, kann man ihn im nächsten Frühjahr bereits verwenden. Ist der Mist zu konzentriert, das heißt, wenn nur die Pferdeäpfel abgelesen und aufgesetzt werden, verrottet er nicht. Man wird also gut daran tun, ihn mit Stroh zu vermischen. So verrottet er schnell und gründlich.

Steht kein tierischer Dünger zur Verfügung, kann man Stickstoff auch mit handelsüblichen stickstoffhaltigen Düngern einbringen, die zugleich die notwendige Versorgung mit Phosphor und Kalium sichern (NPK-Dünger)

Eine Alternative zu diesen Handelsdüngern sind Pflanzenbrühen aus Beinwell oder der kultivierten Pflanze dieser Art, Comfrey. Die Herstellung einer solchen Brühe ist einfach. Man füllt ein Faß oder einen Eimer zur Hälfte mit den frisch geschnittenen Pflanzen und füllt mit Wasser auf. Die Mischung bleibt etwa zehn Tage an der Sonne stehen, bis sie zu gären beginnt. Man rührt immer wieder um, damit Sauerstoff an die Mischung gelangt, das beschleunigt den Zersetzungsprozeß. Den unangenehmen Geruch der Brühe während des Gärungsprozesses kann man mit einer Handvoll Steinmehl oder Baldrianblütenextrakt verhindern. Die vergorene Pflanzenjauche wird mit der achtfachen Menge Wasser verdünnt an die Bambus-Pflanzen gegeben. Während der Bambus neue Sprosse schiebt, sollte man die Jauche sogar noch stärker verdünnen, damit die zarten Pflanzenteile nicht verbrannt werden.

Diese Art der Düngung ist besonders praktisch für bodendeckende Bambus-Arten, die man ja nicht gut mit Mist bedecken kann.

Reichliche Stickstoffdüngung bewirkt, daß die Pflanze kräftig wächst. Gibt man Dünger auch im Sommer, wenn die Rhizome austreiben, und dazu noch einmal im Herbst, wird man zwar prächtige Pflanzen haben. Aber durch die reichliche Düngung werden auch die Zellen größer, infolgedessen die Zellwände dünner. Die Pflanze wird, wie es im Volksmund heißt, »mastig«. Und das bedeutet, daß die Pflanze einen Teil ihrer Winterhärte einbüßt, zumindest was Halm und Blätter angeht. Deshalb empfiehlt es sich bei Bambuspflanzen, die draußen überwintern, stickstoffhaltige Dünger nur bis Juli oder August zu geben. So kann die Pflanze im Spätsommer in aller Ruhe ausreifen, die Halme können gut verholzen, und auch die Blätter sind der Kälte besser gewachsen. Bei Bambuspflanzen, die man im Kübel hält und im Winter ins Haus holt oder bei Bambus, der ohnehin das ganze Jahr über im Zimmer oder im Wintergarten steht, braucht man dar-

auf keine Rücksicht zu nehmen. Obwohl auch ihnen eine Ruhezeit ohne Düngung gut bekommt – wie allen Pflanzen.

Ebenso wichtig neben Stickstoff ist für Bambus Kieselsäure (SiO_2). Die Bambuspflanze enthält einen hohen Anteil an Silizium, das ihr laufend zugeführt werden muß. Bei großen Beständen bekommen die Pflanzen ihr ausreichendes Quantum an Silizium durch das ständige Abfallen der Blätter, die auf dem Boden liegenbleiben, verrotten und das Silizium so auf natürliche Weise der Pflanze wieder zuführen. Bei Solitärpflanzen und kleineren Beständen sollte man deshalb die abgefallenen Blätter liegenlassen und diejenigen, die auf den Boden rund um die Pflanze gefallen sind, zusammenrechen und in das Innere zwischen die Halme werfen. Damit der Bambus ausreichend mit Silizium versorgt wird, muß man aber zusätzlich, zumindest in den ersten Jahren, Kieselsäure (SiO_2) zuführen. Organisch kann dies in Form von Schachtelhalmbrühe geschehen. Schachtelhalm enthält noch mehr Kieselsäure als Bambus, am meisten im Sommer, wenn die Schachtelhalmpflanzen voll ausgewachsen sind. Schachtelhalmbrühe muß allerdings etwa 30 Minuten gekocht werden, nachdem man die Pflanzen vorher 24 Stunden eingeweicht hat. Die Brühe wird im Verhältnis 1:5 mit Wasser vermischt an die Bambuspflanzen gegeben. Der Geruch der Brühe ist sehr unangenehm. Deshalb ist es empfehlenswert, einfach mit Schachtelhalm zu mulchen, wo das möglich ist.

Bentonit, ein silicathaltiges Tonmineral, ist sehr gut geeignet, Bambus mit dem wichtigen Nährstoff zu versorgen. Es wird auf dem Boden ausgebracht und vom Regen in den Boden eingewaschen, wo es sich an die Bodenteilchen anlagert.

Wer sich nicht die Mühe machen möchte, Bambus mit organischen Düngern zu versorgen, kann ihn auch mit handelsüblichem Rasen- oder Gartendünger ernähren. Pro Jahr werden 150 g Mineraldünger auf $1m^2$ Bodenfläche gegeben. Es ist aber darauf zu achten, daß im Boden keine hohe Salzkonzentration entsteht. Bambus ist recht empfindlich gegen zuviel Salz im Boden, und da die genannte Düngergabe recht hoch ist, besteht natürlich die Gefahr, den Boden zu übersalzen. Bei wertvollen

Bambusallee in Sotchi, China

Bambuspflanzungen empfiehlt sich immer eine Bodenuntersuchung. Es gibt Mineraldünger, die weniger Salze enthalten.

Eine andere Möglichkeit: Man mischt 4 Teile Ammonsulfat, 1 Teil Superphosphat und 1 Teil Kaliumsulfat und gibt diese Mischung dreimal im Abstand von jeweils zwei Wochen vor Beginn des Austriebes Ende April bis Ende Mai an die Pflanzen, und zwar, wie oben gesagt, 150 g/m².

Der Schnitt des Bambus

Bambus muß nicht regelmäßig zurückgeschnitten werden. Aber Wildwuchs ist auch nicht unbedingt das Richtige. Die Halme werden acht bis zehn Jahre alt, und etwa vom fünften Lebensjahr an werden sie unansehnlich. Ob man Bambus dicht wachsen läßt oder ob man ihn auslichtet, ist eine Frage des persönlichen Geschmacks. Wo Bambus in Asien in Gärten oder Tempelhainen steht, ist er immer sorgsam ausgelichtet, so daß die ganze Schönheit der einzelnen Halme zur Geltung kommt.

In europäischen Gärten, auch in unseren botanischen Gärten, sieht man Bambus meist so, wie er in der Natur wächst, also als dichte Büsche. Doch auch wenn man im Garten gerne einen üppig dichten Bambus hat, ganz der Natur überlassen sollte man ihn nicht. Auf jeden Fall sollten bei älteren Bambuspflanzen in jedem Jahr die Halme herausgeschnitten werden, die abgestorben sind. Besser ist es aber, bereits die etwa vier- bis fünfjährigen Halme herauszuschneiden. Da jeder Halm in jedem Jahr neue Zweige und Blätter bildet und diese Zweige mit fortschreitendem Alter des Halmes kürzer und die Blätter kleiner werden, sieht ein fünfjähriger Bambushalm schon nicht mehr so attraktiv aus wie ein zweijähriger. Die jungen, schönen Halme kommen dann inmitten einer Bambuspflanze mit vielen älteren Halmen nicht mehr voll zur Geltung. Die charakteristische Eleganz einer Bambuspflanze wird betont, wenn man nur wirklich vollkommene Halme stehen läßt. Das gilt natürlich in erster Linie für Solitärpflanzen und für Pflanzen, die in einem Kübel stehen. Doch auch ein Bambushain oder eine Bambushecke wird man sich nicht völlig selbst überlassen. In jedem Frühjahr sollte man auch hier die unansehnlichen Halme herausschneiden – auch wenn sie noch so groß und dick sind. Herausgeschnittene Halme sind nicht verloren – man kann mit ihnen viele Dinge herstellen, die wiederum dem Garten oder dem Haus zugute kommen (Seite 125). Die alten Halme werden direkt über dem Boden abgeschnitten – in Bambusplantagen in China werden die Stümpfe sogar gespalten, damit sie möglichst schnell wegfaulen, um Platz für neue Halme zu schaffen und Humus für die Pflanze zu bilden.

Bei einer Bambushecke hat das Herausschneiden der Halme noch einen anderen Sinn. Eine Bambushecke soll Sicht- und Windschutz bieten, muß also dicht sein. Da man für eine Bambushecke relativ große Bambus-Arten verwendet, wie *Fargesia, Phyllostachys, Semiarundinaria*, bilden sich im Laufe der Jahre dichte Blätterschirme oben und die Halme sind unten nicht mehr dicht belaubt. Das heißt, der Sicht- und Windschutz ist nicht mehr unbedingt gewährleistet. Eine zu hohe Hecke wird unter Umständen auch zuviel Schatten in einen kleinen Garten werfen. Eine nicht allzu hohe, aber dichte Hecke ist deshalb für die meisten Gärten wünschenswert. Das erreicht man nun nicht durch einen einfachen »Heckenschnitt«, wie etwa bei Liguster und ähnlichen einheimischen Heckenpflanzen. Bei Bambus macht man das anders: Alle älteren Halme werden jährlich herausgeschnitten. Das bedeutet für die

Pflanze, daß durch eine geringere Blattmasse weniger Nahrung und Wasser durch Sonnenenergie in pflanzliche Substanz verwandelt wird. Die Pflanze bildet nur mittelhohe Halme. Die Wuchskraft des Bambus ist auf natürliche Weise gebremst.

Eine andere Methode, eine Bambushecke kurz und dicht zu halten, ist möglich, aber etwas problematisch: Man stutzt einzelne Halme, um eine stärkere Verzweigung und die Ausbildung von mehr Blättern zu erreichen. Man darf den Halm im oberen Drittel aber erst dann abschneiden, wenn sich bereits alle Zweige voll ausgebildet haben. Schneidet man den Halm früher, stirbt er ab. Eines ist dabei allerdings zu bedenken: Wenn man die Bambushecke auf diese Art und Weise dichter macht, geht der eigentliche Wuchscharakter des Bambus verloren. Es bildet sich einfach eine dichte grüne Wand ohne besonderen Anspruch auf Schönheit.

So breitet sich ein Bambus mit leptomorphem (ausläuferbildendem) Rhizom im Boden aus: Im Jahr nach der Pflanzung bilden sich zunächst einmal Halme, im zweiten Jahr wächst das Rhizom, es bilden sich mehr Halme. Ab dem dritten Jahr verzweigt sich das Rhizom immer stärker und wächst meterweit, weil es nun durch eine große Blattmasse ernährt wird.

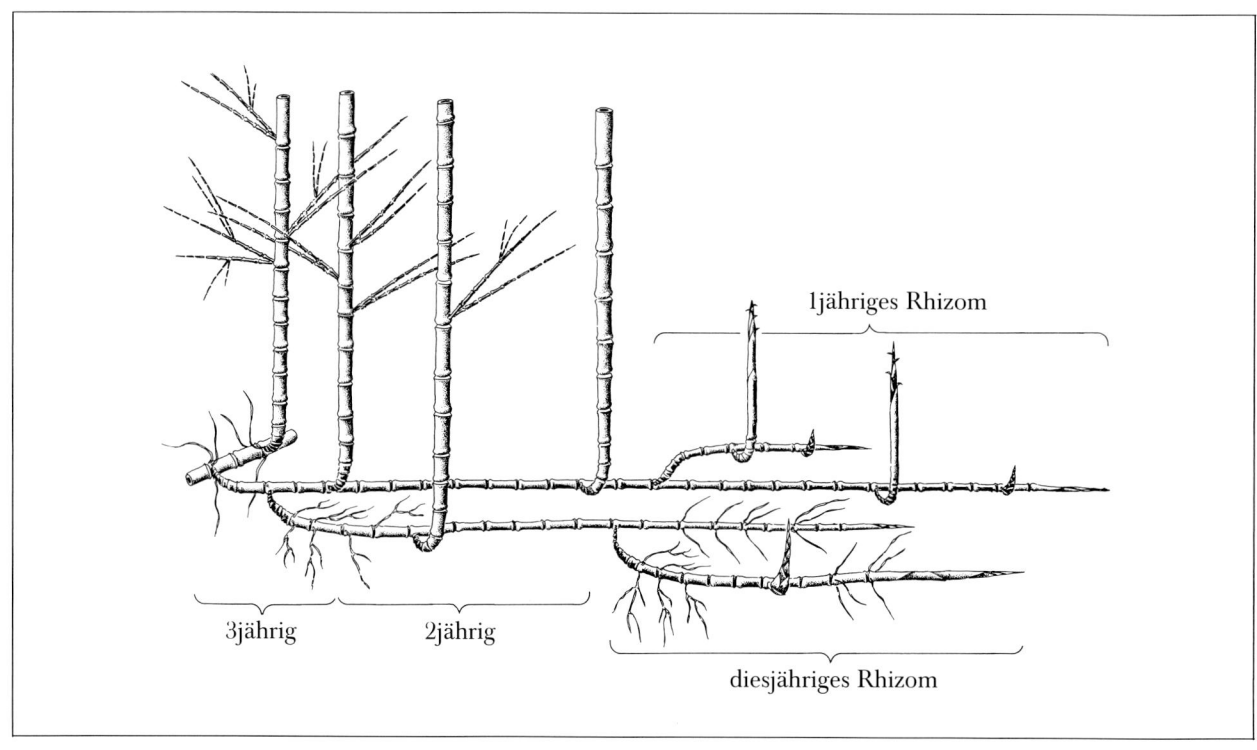

1jähriges Rhizom

3jährig   2jährig

diesjähriges Rhizom

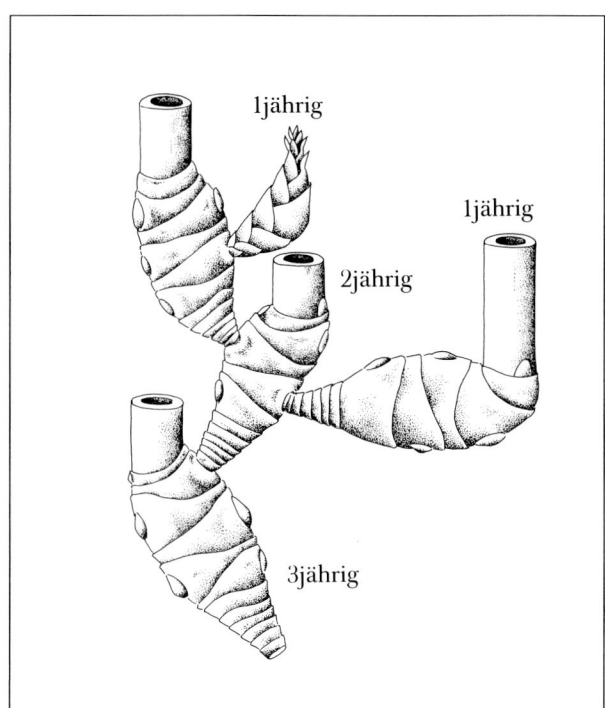

Ein Bambus mit pachymorphem Rhizom bildet keine Ausläufer. Die dicken, kurzen Rhizome bewirken, daß sich die Pflanze als Horst entwickelt.

Bevor man eine Hecke wirklich drastisch durch Stutzen der Halme kürzt, sollte man abwarten, wie sich die Pflanze entwickelt. Zum Beispiel wird man bei einer Hecke aus horstig wachsender *Fargesia* feststellen, wenn man nur lange genug Geduld hat, daß die dichtstehenden Halme einen guten Sicht- und Windschutz bilden, auch wenn sich die Blätter nur oben bilden. Gerade diese Bambus-Art hängt stark über und verdichtet dadurch die Hecke noch zusätzlich. Es wäre also sehr schade, eine *Fargesia*-Hecke vor Ablauf von mindestens zehn Jahren drastisch zu schneiden.

Speziell bei *Fargesia* kann es vorkommen, daß eine Solitärpflanze zu dicht wächst und dadurch nicht mehr so attraktiv wirkt. Dann kann es nötig werden, zu radikaleren Methoden zu greifen und alle Halme abzuschneiden, die älter sind als ein und zwei Jahre, was allerdings bei einer großen, dichten Pflanze sehr schwierig ist.

Einen totalen Rückschnitt wird man lediglich in Notfällen anwenden müssen, wenn Halme und Blätter nach einem besonders harten Winter tot sind. Wenn, wie in extrem kalten Wintern 1978/79 oder 1984/85, die Blätter erfrieren oder durch Austrocknung zugrunde gehen, bilden sich, wenn Halm und Knospen nicht geschädigt sind, wieder neue Zweige und neue Blätter. Es wäre deshalb falsch, eine Bambuspflanze vorzeitig bis auf den Boden herunterzuschneiden, wenn sie unansehnlich geworden ist und alles grüne Laub verloren hat. Die Chance, daß sich noch einmal Zweige aus den Halmen bilden, besteht immerhin.

Schneidet man eine Bambuspflanze total zurück, wird sich im ersten Jahr nach dem Schnitt noch einmal ein Horst mit langen, dicken Halmen aus der Reserve des letzten Jahres bilden. Aber im Jahr darauf ist das Rhizom lediglich auf das angewiesen, was die einjährigen Halme dem Rhizom zuführen können. Es kann Jahre dauern, bis sich wieder starke, dicke Halme bilden. In Asien hat man beobachtet, daß Plantagen, die aus irgendeinem Grund total abgeholzt worden waren, bis zu acht Jahre brauchten, um wieder stattliche Bambus-Halme zu bilden.

Bambus-Arten, die als Bodendecker gepflanzt sind, können jedes Jahr oder in jedem zweiten Jahr im Frühjahr vor dem Austrieb zurückgeschnitten werden. Man erledigt das mit dem Rasenmäher, mit einer Sense oder – bei großen Flächen – mit einem Balkenmäher. Ein solcher Rückschnitt bekommt den Pflanzen gut, auch wenn es im Augenblick sehr radikal aussieht.

So hält man den Bambus in Grenzen

Ausläufer bildende Bambus-Arten können zur Gartenplage werden – das gilt vor allem für niedrige und halbhohe Arten wie *Sasa*, *Sasaella* und *Pleioblastus*. Diese Bambus-Gattungen haben eines gemeinsam: sie sind unterirdisch außerordentlich aktiv. Ihre Rhizome wachsen sehr schnell und werden sehr lang. Die Pflanzen breiten sich vehement aus, und zwar an Orten im Garten, wo man sie gar nicht haben will. Doch auch große Ausläufer bildende Bambus-Gattungen »laufen weg«, wenn sie einmal ein gewisses Alter erreicht haben und gute Bodenbedingungen vorfinden. Die Spitzen der sich neu bildenden Rhizome sind so hart, daß sie alles durchbohren, was sich ihnen in den Weg stellt. Wenn zum Beispiel ein Folienteich nicht mit einer wirklich guten, speziellen Teichfolie von mindestens 0,5 mm Dicke angelegt ist, werden Bambus-Rhizome sie

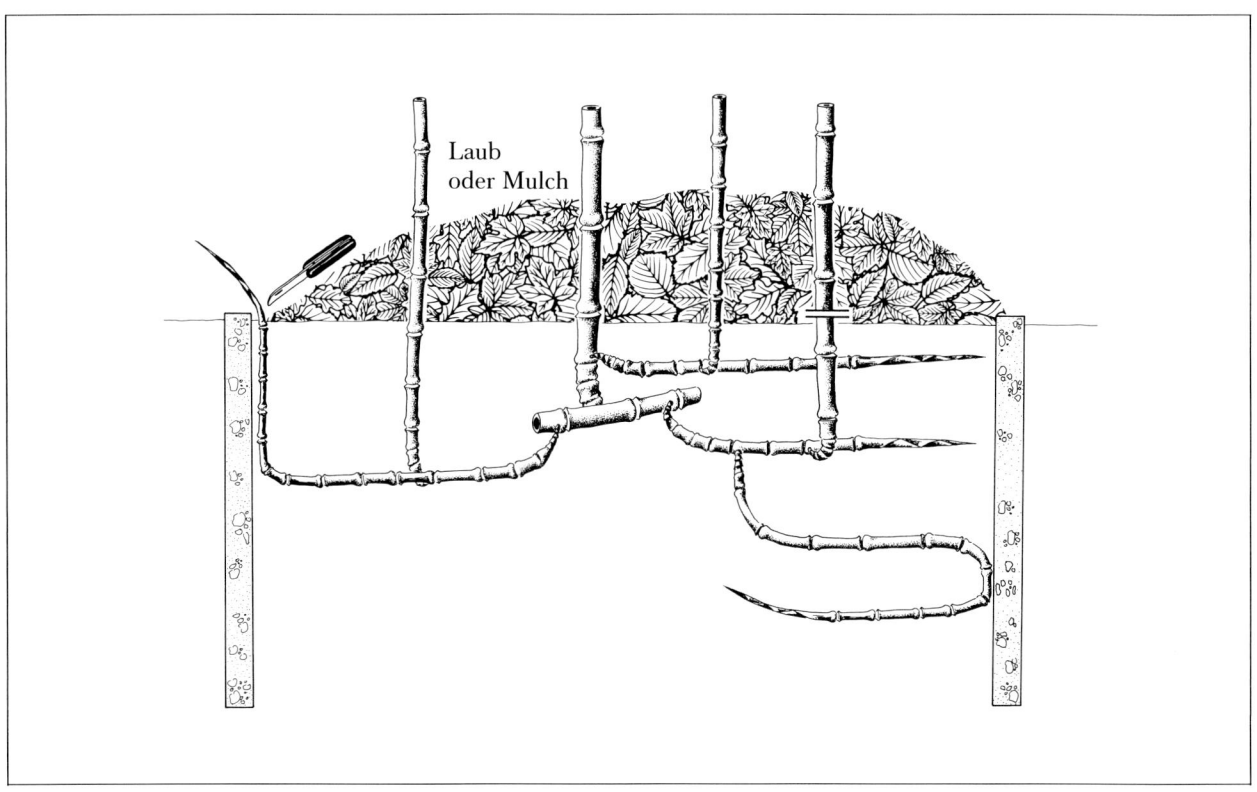

Laub
oder Mulch

So hält man einen ausläuferbildenden Bambus in Form und in Grenzen: Er wird mit einem festen Material unterirdisch eingegrenzt. Rhizome, die an der Abgrenzung aus der Erde herauswachsen, werden abgeschnitten, auch ältere Halme schneidet man direkt über dem Boden ab.

durchstoßen. Auch Abgrenzungen aus Holz, das im Boden nach einigen Jahren verrottet und weich wird, sind kein Hindernis für einen vitalen Bambus. Auch Bruchsteinfundamente von Häusern sind nicht sicher vor der Kraft der Rhizome. Unter Umständen erscheinen sie eines Tages im Keller. Da sie sich nicht verdicken, sprengen sie die Mauern nicht, wie das manchmal die Wurzeln von Bäumen schaffen. Leider bekommt es auch vielen Gartenpflanzen nicht, wenn ein schnellwachsender Bambus sie unterwandert. Ihnen wird Platz, Nahrung und Wasser weggenommen und sie verkümmern.

Nun wird allerdings Bambus kein Problem im Garten, wenn man bereits von vornherein dafür sorgt, daß er nicht wuchern kann. Vorbeugen ist immer besser als bekämpfen. Man überlege sich also bereits vor der Pflanzung eines Bambus, speziell eines sich stark ausbreitenden, wo er ungestört wachsen kann, ohne lästig zu werden. Zu dieser Überlegung gehört auch, daß von vornherein gesichert ist, daß man über die vorgesehene Fläche hinauswachsende Rhizome gut abstechen und ausgraben kann. Am praktischen Beispiel: An einen bodendeckenden Bambus sollte sich nicht direkt eine Blumen- oder Staudenrabatte anschließen. Denn während die Blumen und Stauden blühen, kann man die Bambus-Rhizome nicht beseitigen, ohne auch die anderen Pflanzen zu schädigen. Grenzt aber eine Wiese, eine Rasenfläche oder ein Weg an die Bambus-Fläche, ist es einfach, hier die Rhizome abzustechen.

Wer sich die Arbeit des Abstechens und Ausgrabens der Rhizome ersparen möchte, kann auf andere Möglichkeiten zurückgreifen. Man kann zum Beispiel den Bambus mit einer Betoneinfassung in Grenzen halten – diese muß dann aber, vor allem bei den niedrigen, vitalen Bambus-Gattungen, bis zu 1 m tief in die Erde gegraben werden.

Eine Alternative zu Beton ist Wellpolyester. Er kann gebogen werden, man kann also ganz natürliche Grenzverläufe zwischen Bambus und anderen Rabatten herstellen. Man kann auch einen Bambus völlig mit diesem Material eingrenzen. Gräbt man die Einfassung 60 bis 100 cm tief in den Boden und läßt darüber Rasen oder Blumen wachsen, fällt diese Eingrenzung überhaupt nicht auf. Die Anschlüsse müssen allerdings dicht sein, sonst schlüpft der Bambus durch die Ritzen. Rollenware ist also am besten geeignet.

Wenn man Bambus in einer Staudenrabatte oder zwischen anderen Pflanzen halten will, pflanzt man ihn in einen großen Kübel oder in ein Plastikfaß, das in die Erde versenkt wird. Allerdings muß man hier ganz besonders sorgsam für einen guten Wasserabzug und für eine Drainage unter dem Kübel oder dem Faß sorgen. Hohe, Ausläufer treibende Bambus-Gattungen wie *Phyllostachys, Semiarundinaria, Pseudosasa, Bashania* oder *Brachystachyum* gehen in der Regel mit ihren Ausläufern nicht viel tiefer als 50 cm in den Boden. Auch hier sind Abgrenzungen mit Wellpolyester praktisch oder vorgefertigte Betonringe, die es im Baugroßhandel zu kaufen gibt. Allerdings sollten diese Abgrenzungen einen Durchmesser von mindestens einem Meter haben, sonst besteht die Gefahr, daß die Pflanzen zu schnell vertrocknen – ihre Ernährer, die Rhizome, sind ja nicht in der Lage, von weiterher Wasser zu besorgen.

Eine weitere Möglichkeit ist die Unterpflanzung mit robusten Wildstauden und Gehölzen. Wenn sie genauso vital sind wie der Bambus, sorgen sie dafür, daß er nicht überhand nimmt. Allerdings darf man eine solche Anlage nicht sich selbst überlassen, sondern muß die Wildpflanzen und den Bambus regelmäßig auslichten und zurückschneiden, damit sie nicht völlig wirr ineinanderwachsen.

Hat man aber den Bambus bereits im Garten und keine mechanischen Abgrenzungen angebracht, muß man sich damit abfinden, ihn mit einigem Arbeitsaufwand in Grenzen zu halten. Das kann zunächst oberirdisch geschehen. Man mäht im Frühjahr überall dort, wo man keinen Bambus haben möchte, die Austriebe mit dem Rasenmäher ab, und zwar mindestens einmal in der Woche, denn es bilden sich mehrere Wochen lang immer neue Sprosse. Bei *Phyllostachys* wäre das allerdings schade, denn die Sprosse schmecken ausgezeichnet. Diese Sprosse wird man deshalb mit einem scharfen Messer direkt am Rhizom abschneiden und in der Küche verwenden. Mit dem Vernichten der Sprosse hat man nun allerdings nur etwas für die Optik getan, unterirdisch wachsen die Rhizome munter weiter. Man muß sie, wenn sie in eine unerwünschte Richtung wachsen, kappen. Bei großen Bambus-Gattungen,

deren Rhizome nicht so tief in der Erde liegen, ist das relativ einfach. Man orientiert sich anhand der herauskommenden Halme, wohin das Rhizom läuft, und schneidet es mit einer scharfen Schere ab. Man braucht es nicht auszugraben. Wenn es ein junges Rhizom ist, wird es von der Mutterpflanze nicht mehr versorgt und stirbt ab. Hat man allerdings die Pflanze schon mehrere Jahre wuchern lassen, wird man nicht umhinkommen, das unerwünschte Rhizomteil auszugraben. Geht man dabei sorgsam vor und läßt den einen oder anderen Halm an diesem Stück, kann man es an einer anderen Stelle im Garten wieder einpflanzen – oder einem Nachbarn schenken.

Schwieriger ist es, bei stark wuchernden, niedrigen Bambus-Arten, mit den Ausläufern fertigzuwerden. Man muß sie regelrecht ausgraben, und zwar vollständig. Wenn man diese »Ausgrabung« notwendigerweise machen muß, sollte man gleich eine Abgrenzung einbringen, dann muß man nicht immer wieder diese unangenehme Arbeit auf sich nehmen.

Bambus im Winter

Bambus ist besonders reizvoll im Winter. Wenn der ganze Garten grau und farblos ist und der Schnee Rasen und Sträucher bedeckt, ist ein Bambus mit seinen grünen Blättern und zarten Formen ein zauberhafter Blickpunkt, an dem man sich nicht sattsehen kann. Im Sommer fällt Bambus in einem üppigen Garten oft gar nicht so sehr auf, es sei denn, man pflanzt ihn an eine besonders exponierte Stelle. Aber im Winter fängt er das Auge ein, weil er das einzige Grün ist und seine Eleganz nun voll zur Geltung kommt. Auch in der Heimat vieler Bambus-Arten gibt es im Winter Frost und Schnee. Viele Bambus-Arten gedeihen deshalb in unserem gemäßigten Klima recht gut – vorausgesetzt, man hat normale Winter mit viel Schnee und nicht zu langen Frostperioden. In solchen »normalen« Wintern macht Bambus nur Freude und man hat keinerlei Probleme mit ihm. Viele Bambus-Arten vertragen ohne weiteres mehrere Tage lang Minustemperaturen – einige Arten sogar bis zu −25 °C –, ohne äußere Schäden zu zeigen.

Längere Frostperioden aber sind problematisch, und zwar weniger wegen der Kälte als vielmehr des-

Fargesia murielae, grün unter dem Schnee

rioden die Sonne kräftig scheint. Die Sonne erwärmt schnell die gefrorenen Blätter und Halme, die Zellflüssigkeit dehnt sich aus, die Zellwände platzen. Hinzu kommt noch etwas anderes: Die noch vorhandene Feuchtigkeit in den Blättern verdunstet in der Wärme. Da die Pflanze aber aus dem gefrorenen Boden kein Wasser holen kann, vertrocknen die oberirdischen Teile, die Halme und Blätter und auch die Knospen, die in den Halmen bereits angelegt sind.

Hier nun kann die Hilfe des Gärtners ansetzen – auch wenn sie recht bescheiden ist. Damit die Rhizome im Boden nicht erfrieren, wird man Bambuspflanzen, auch sehr winterharte, im Herbst dicht mit einer Mulchschicht bedecken – Laub oder Stroh sind am geeignetsten. Unter dieser dicken Winterpackung gefriert der Boden bestenfalls oberflächlich, die Pflanze kann also noch Wasser aus dem Boden holen. Vor allem aber kann man bei einem nicht gefrorenen Boden an frostfreien Wintertagen aktive Hilfe einsetzen, indem man den Bambus gießt.

Hat man Glück, fällt vor einer Frostperiode Schnee. Der Boden wird durch den Schnee vor Frost geschützt, aber auch die Blätter. Oft biegen sich die Halme unter der schweren Last des Schnees, der auf den Blättern liegt, tief zum Boden, oft sogar so weit, daß sie flach liegen. Man darf nun nicht den Fehler machen und den Bambus vom Schnee befreien. Den Halmen passiert nichts, sie sind so zäh und elastisch, daß sie, wenn der Schnee von den Blättern schmilzt, sich aufrichten, als wäre nichts gewesen. Es juckt natürlich in den Fingern, die dicke Schneeschicht von den zarten Bambuspflanzen zu schütteln. Aber man muß dem widerstehen. Der Schnee schützt die Blätter vor dem Austrocknen und vor dem Erfrieren – auch dann, wenn die Pflanze nicht bis zum Boden hinabgedrückt wird. Ganz abgesehen davon sieht ein schneebedeckter Bambus ganz besonders schön aus. Friert es aber lange, ohne daß es geschneit hat, kann man für die oberirdischen Teile des Bambus nicht mehr viel tun.

Ein großer Fehler wäre es, die Pflanze in Folie einzupacken. Zum einen nützt die Folie bei strengem Frost nichts, sie ist zu dünn, um die Pflanze gegen die Kälte zu schützen. Zum anderen gibt es bei Sonnenschein unter der Folie einen Hitzestau, der die Pflanze noch sicherer umbringt als Frost.

Besonders kostbare Bambuspflanzen oder neu gepflanzte kann man für ganz wenige Tage in Luftpol-

halb, weil die Pflanze dann austrocknet. Unsere heimischen Immergrünen, Ilex, Efeu, Liguster usw., haben in der Regel dicke Blätter, in denen sie Wasser speichern können oder die mit einer Wachsschicht geschützt sind. Bambus aber mit seinen dünnen Blättern ist sehr empfindlich gegen Austrocknung. In der Heimat einiger Bambus-Arten ist es vorübergehend auch sehr kalt – man denke nur an den Himalaja. Aber dort gibt es wesentlich mehr Schnee und in solchen Gebieten wachsen Bambusse oft auch staudig.

Bei langanhaltendem Frost wird die Feuchtigkeit aus den Blättern buchstäblich herausgesaugt. Viele winterharte Bambus-Arten schützen sich vor einer frostbedingten Zellzerstörung durch Tesselation (s. Seite 45). Doch bei sehr langen Frostperioden trocknen die Blätter dennoch aus. Am schlimmsten ist es, wenn zwischen zwei Frostperioden einige warme Tage liegen oder wenn während der Frostpe-

sterfolie einpacken, aber auch nur, wenn die Wintersonne nicht scheint. Versuche, als Ersatz für den Schnee ein Zelt aus Vlies um einen Bambus zu erstellen, haben sich in den vergangenen Wintern als erfolgreich erwiesen.

Am besten aber läßt man einfach der Natur ihren Lauf. Die Rhizome werden nicht geschädigt, wenn man die Pflanze gut gemulcht hat. Halme und Blätter vertragen eine Menge Frost, wenn man sie nicht im Sommer und Herbst mit Dünger gemästet hat. Und selbst wenn Halme und Blätter erfrieren, haben sich bei starken Pflanzen in den Rhizomen genügend Reservestoffe eingelagert, damit die Pflanze wieder neue Halme treiben kann. Man hat in den letzten Jahren auch festgestellt, daß Bambus sich in kalten Wintern atypisch verhält: Er bleibt nicht immergrün, sondern wirft alle Blätter ab, und im Frühjahr treiben neue aus.

Meist sind gar nicht alle Halme erfroren, auch wenn der Bambus im Frühjahr nach einem kalten Winter fahl aussieht und alle Blätter gelb sind. Die Augen, aus denen sich die neuen Zweige und Blätter entfalten, sind wesentlich frosthärter als die Blätter. Man wird erstaunt registrieren, daß ein Bambus, von dem man glaubte, daß er wirklich »hinüber« ist, im Mai wieder anfängt, auszutreiben, und zwar aus den vermeintlich toten Halmen und später auch aus den Rhizomen. Das abzuwarten, erfordert Geduld. Wer, um den Anblick eines nicht sehr attraktiven, vermeintlich total vertrockneten Bambus in seinem Garten zu vermeiden, kurzerhand alle Halme abschneidet, wird vor allem bei jungen Pflanzen eine Enttäuschung erleben (s. Seite 97). Sie werden im folgenden Jahr nur sehr spärlich austreiben. Manche Gärtner erliegen der Versuchung, die vertrockneten Blätter abzuzupfen, wenn die Pflanze nach einem eisigen Winter unschön aussieht. Diese strohgelben Blätter sitzen sehr fest an ihrer Scheide und wenn man sie abzupft, reißt man auch die Scheide ab, die die noch intakte Knospe vor dem Austrocknen schützt, damit sie bei Beginn der wärmeren Jahreszeit Blätter bilden kann. Der beste Rat nach einem extremen Winter: Man läßt alle Halme mitsamt den Blättern stehen, bis die neuen Zweige aus den alten Halmen und die neuen Sprosse aus dem Rhizom ausgetrieben haben, und man sorgt dafür, daß der Bambus, auch wenn er abgestorben zu sein scheint, immer gut mit Wasser versorgt wird. Erst wenn die Pflanze wieder ausgetrieben hat, schneidet man die toten Halme heraus.

Jungpflanzen von *Pleioblastus pygmaeus* var. *distichus*

Während eines normalen Winters mit kurzen Frostperioden und Schnee, ausreichender Luftfeuchtigkeit und Niederschlägen braucht man sich um den Bambus im Garten überhaupt nicht zu sorgen, man kann sich nur an ihm erfreuen. Lediglich bei längeren Trockenperioden und nicht gefrorenem Boden sollte man wässern.

Vermehrung

Es gibt zwei Möglichkeiten, Bambus des temperierten Klimas zu vermehren: die generative Vermehrung durch Samen und die vegetative durch Rhizomteile mit und ohne Halm.

Käufliches Saatgut wird in Europa nicht angeboten, Sammler können bestenfalls einige Saatkörner aus Übersee beziehen. Wenn aber ein Bambus blüht und danach auch Samenkörner ausbildet, kann er sich auch in unseren Breiten unter Umständen selbst aussäen. Wer einen blühenden Bambus hat – seit mehreren Jahren blüht *Pseudosasa japonica* in unseren Gärten –, kann einen oder mehrere Sämlinge selbst heranziehen – ein interessantes und lohnendes Experiment. Dafür steckt man das Bambuskorn nach dem Ausreifen in einen Topf mit ganz normaler Gartenerde, die man mit etwas Torf vermischt. Lagern darf man den Samen nicht lange, bestenfalls zwei Wochen, denn Bambus-Samen verlieren ihre Keimfähigkeit sehr rasch. Den Topf mit Samen bedeckt man mit einem Glas oder mit einer Plastikhaube, die man über zwei gebogene Drahtbügel spannt. In der gespannten Luft keimt das Korn besser und es hat gleichmäßige Wärme und gleichmäßige Luftfeuchtigkeit. Wenn man Glück hat, keimt das Bambuskorn nach zwei bis sechs Wochen. Es

erscheint ein winziger Bambushalm, der sich in nichts von einem ganz normalen, kleinen Grashalm unterscheidet. Diesen Winzling hält man nun warm und feucht – am besten im Zimmer oder in einem Gewächshaus. Das Gießen erfordert sehr großes Fingerspitzengefühl, die zarten Wurzeln sollen ja nicht faulen. Es dauert allerdings etwa drei Jahre, bis sich aus dem winzigen Sämling eine Bambuspflanze gebildet hat, die man aus dem Topf ins Freiland setzen kann.

Für den Laien ist die vegetative Vermehrung durch Rhizomteile mit Halmen oder die Teilung eines zu groß gewordenen Bambus die einfachste Art der Vermehrung. Teilen wird man eine Bambuspflanze entweder, weil sie zu groß geworden ist oder weil man von einer hübschen Art ein zweites Exemplar in seinem Garten haben möchte – oder wenn man einem Gartenfreund eine Freude mit einem »Ableger« machen möchte.

Das Teilen eines großen Bambus verlangt einige Muskelkraft. Man muß nämlich den großen Horst mit einem scharfen Spaten in zwei oder drei Stücke teilen – wenn es mit dem Spaten nicht klappt, muß man sogar Axt oder Säge zu Hilfe nehmen. Die abgetrennten Teile werden mit allen Halmen und möglichst viel Erde an den Rhizomen an den neuen Standort gepflanzt. Erst wenn das Teil verpflanzt ist, schneidet man alle alten und unansehnlichen Halme heraus, damit die Rhizome zur Zweig- und Blattbildung an diese älteren Halme nicht zuviel Reserven abgeben, denn diese werden sie nun für die Bildung von jungen, neuen Halmen brauchen. Der beste Zeitpunkt, eine Bambuspflanze zu teilen, ist, bevor die Neutriebe sich an der Bodenoberfläche zeigen, das heißt also bei den meisten winterharten Bambus-Gattungen im zeitigen Frühjahr (s. Seite 36). Tropische Bambus-Gattungen teilt man besser im Spätsommer, denn sie treiben erst dann die neuen Halme aus. Je nach Witterung ist August oder September für die Teilung der tropischen Bambus-Gattungen richtig. *Sasa*-Arten erholen sich am besten von der Teilung, wenn man sie erst dann teilt, wenn sich die ersten Blätter nach dem Austrieb der Halme entfalten. *Sasa* und *Pleioblastus* lassen sich ohnehin am leichtesten teilen. Ganz falsch wäre es, Bambus im Spätherbst zu teilen. Bei unserem europäischen Klima kann sich das durch die Teilung noch etwas geschädigte Rhizom nicht mehr erholen und die Pflanze braucht dann eventuell zwei oder drei Jahre, um das Wachstum wieder zu erreichen,

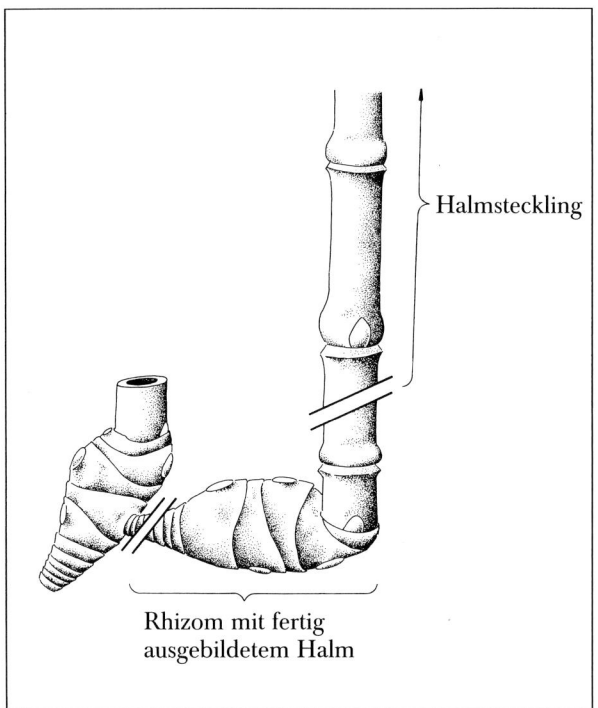

Halmsteckling

Rhizom mit fertig ausgebildetem Halm

Vermehrung eines Bambus mit pachymorphem Rhizom. Man trennt ein Rhizomteil ab, das nicht älter als ein Jahr ist. Mindestens ein Halm sollte an dem Rhizomteil belassen werden. Man kann diesen Halm, um die Verdunstung über die Blätter zu reduzieren, bis auf zwei Zweige zurückschneiden, soll ihn aber niemals ganz abschneiden. Der Schnitt auf der Zeichnung zeigt, wie man einen Halmsteckling abschneidet, den man, waagerecht in die Erde gelegt, in einem warmen Gewächshaus bewurzeln kann. Diese Vermehrungsmethode funktioniert allerdings nur bei tropischem Bambus.

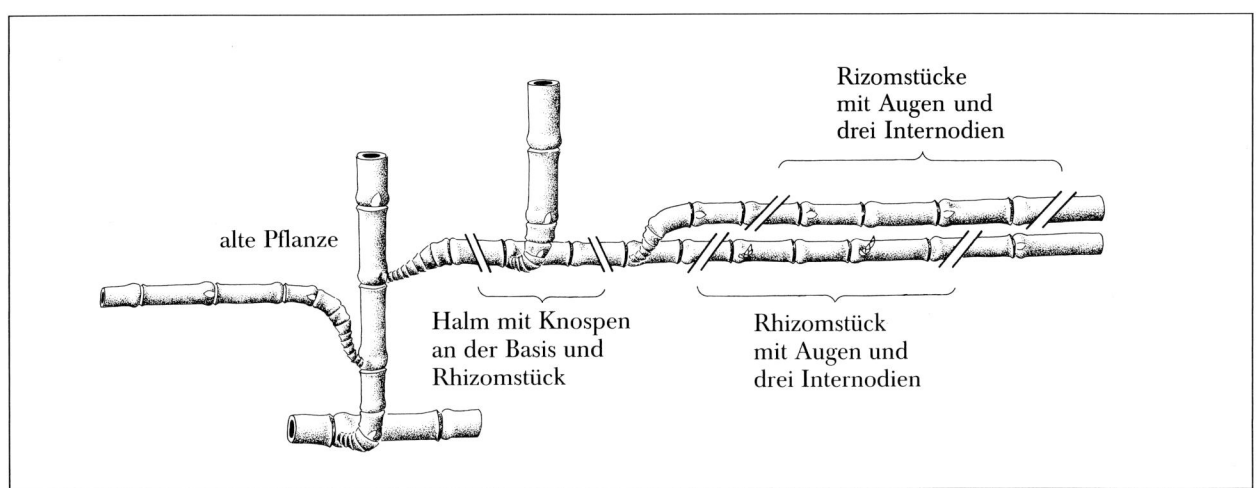

Rizomstücke
mit Augen und
drei Internodien

alte Pflanze

Halm mit Knospen
an der Basis und
Rhizomstück

Rhizomstück
mit Augen und
drei Internodien

Vermehrung eines Bambus mit leptomorphem Rhizom. Man schneidet ein mindestens 30 cm langes, zweijähriges Rhizomstück mit einem oder mehreren Halmen und mehreren Knoten ab. Man kann auch ein entsprechend langes Rhizomstück ohne Halme zur Vermehrung verwenden, es sollte dann aber mindestens drei Knoten mit gut sichtbaren Knospen haben.

das sie vor der Teilung hatte. Die Teilung im zeitigen Frühjahr ist deshalb auch die beste, weil sich die Rhizome der winterharten Bambus-Gattungen nun in einem Stadium befinden, in dem die Reservestoffe gleichmäßig auf das ganze Rhizom verteilt sind. Die Augen stehen kurz vor dem Austrieb, die Neubildung von Wurzeln steht bevor. Die Pflanze ist also von der Jahreszeit her so aktiviert, daß sie sozusagen »vor Kraft strotzt«. Eine Teilung wird deshalb keinen allzu gravierenden Einfluß auf ihre Entwicklung haben, weil sie ja ohnehin darauf eingestellt ist, neue Rhizome, neue Halme und neue Wurzeln zu treiben.

Eine andere Form der Teilung ist, nicht den ganzen großen Horst zu teilen, sondern nur aus einem kleineren Rhizomteil eine Jungpflanze heranzuziehen. Auch dafür muß man den richtigen Zeitpunkt wählen. Am besten gelingt diese Art der Teilung während des Austreibens der Augen im Rhizom, also bevor sich die neuen Halme bilden. Dieser Zeitpunkt ist bei den verschiedenen Bambus-Gattungen verschieden, Klima und Ernährung spielen eine Rolle. Man kann dabei keinen generellen Zeitplan aufstellen, jeder Besitzer einer Bambuspflanze muß durch Beobachtung herausfinden, wann es soweit ist. Alle Teilstücke, die man zum Vermehren ver-

wendet, müssen ausreichend aktives, also junges Rhizomgewebe haben; denn nur so kann sich aus den Reserven dieses Rhizomstückes ein neuer Halm bilden.

Horstige Bambus-Gattungen mit pachymorphem Rhizom werden folgendermaßen vermehrt: Ein Teil der Pflanze wird am »Stiel« abgetrennt, dem schmalen Verbindungsstück zwischen den gedrungenen Rhizomteilen. An dieser Wunde setzt zwar sehr schnell Verrottung ein, sie dringt aber nur so weit in das Rhizom vor, bis sie auf aktives Gewebe trifft. Und das ist genügend vorhanden, denn diese Bambus-Gattungen kann man nur mit Rhizomen vermehren, die nicht älter als ein Jahr sind. Nur sie können im nächsten Jahr wieder selbst Seitenrhizome treiben, und die braucht die Pflanze, um sich weiterentwickeln zu können. Diese einjährigen Rhizome erkennt man daran, daß sie junge Wurzeln haben. Ältere Rhizomteile können keine neuen Rhizome bilden. An dem jungen Rhizom sollte ein Halm sein, mit Zweigen und mit Blättern. Um die Verdunstung zu verringern, kann man diesen Halm bis auf wenige Internodien zurückschneiden, allerdings sollten mindestens zwei Zweige am Halm bleiben. Wenn man den Halm total abschneidet, bewurzelt sich das Rhizom wesentlich schlechter.

Zur Vermehrung Ausläufer treibender Bambus-Gattungen mit leptomorphem Rhizom braucht man ein mindestens 30 cm langes Rhizomstück mit mehreren Knoten. Dieses Rhizomstück sollte ein bis zwei Jahre alt sein. Daß man ältere Rhizomteile verwenden sollte, hat einen guten Grund, und der liegt in der Entwicklung von Rhizom und Halm. Im ersten Jahr wächst das Rhizom in die Länge, an seinen Knoten bildet sich je ein neues Auge. Im zweiten Jahr wächst das Rhizom waagerecht weiter, aus den Augen werden Knospen und neue Bambustriebe. Nimmt man nun zur Vermehrung ein- bis zweijährige Rhizome, so sind die Augen bzw. Knospen an den Rhizomen bereits vorhanden, man muß nicht warten, bis sich endlich Halme aus der Erde schieben. Am günstigsten ist es, ein Rhizomstück zu verwenden, an dem sich bereits ein oder zwei Halme befinden, aber auch noch ein Rhizomtrieb vom letzten Jahr. Wenn man ein Rhizomstück mit Knospen verwendet, sollte es mindestens drei Nodien mit einer gut sichtbaren Knospe haben. Wenige Wochen nach der Pflanzung werden sich ein oder zwei Halme zeigen – je nachdem, wie viele Reservestoffe das Rhizom eingelagert hatte. Verwendet man zur Vermehrung ein Rhizomteil, das bereits einen oder mehrere Halme hat, verkürzt das die Kulturzeit um ein Jahr. Allerdings brauchen die Halme mit Zweigen und Blättern mehr Wasser und Nahrungsstoffe als ein Rhizom ohne Halme. Das Rhizom kann also, wenn es nicht optimal versorgt wird, durch den Halm so stark belastet werden, daß es Mühe hat, im nächsten Jahr Halme zu treiben, Knospen und neue Rhizomteile zu bilden.

Pflanzt man das Rhizomstück senkrecht in den Topf, entstehen zuerst die Halme, legt man es waagrecht in die Erde, entwickeln sich zuerst die neuen Wurzeln. Doch erst wenn die neuen Halme selbst bewurzelt sind und aus den Augen der basalen Nodien neue Rhizome getrieben haben, ist die Pflanze fertig und kann ins Freie gepflanzt werden.

Hat man im Frühjahr des einen Jahres aus Rhizomen vermehrt, ist die Pflanze erst im Frühjahr des übernächsten Jahres so weit, daß man sie ausplanzen kann. In der Zwischenzeit hegt und pflegt man die jungen Pflanzen am besten in Plastiktöpfen, die genügend groß sein müssen, an einem hellen, warmen Platz.

Fargesia nitida und *Chusquea couleou* müssen als Pflanzen mit pachymorphen Rhizomen in Teilstücke mit möglichst mehreren Trieben geteilt werden, die mindestens einen einjährigen Halm haben sollten.

In ihrer natürlichen Heimat werden tropische Bambus-Arten auf andere Art vermehrt, nämlich durch den Halm. Diese Methode läßt sich in unseren Breiten nur im beheizten Gewächshaus anwenden. Ein zweijähriger Halm wird dafür direkt an der Erdoberfläche abgeschnitten und in eine lange, etwa 15 cm tiefe Rille im Boden gelegt. Er wird mit Erde bedeckt und gut warmgehalten. Gespannte Luft unter einer Folie ist günstig für die Entwicklung. Nach einigen Wochen treiben aus den Knoten dieses Halmes Wurzeln und Halme. Nach einigen Monaten wird der Halm mit den neuen Pflanzen in der Mitte der einzelnen Internodien auseinandergeschnitten und nochmals einige Zeit später umgepflanzt.

Die übliche Art asiatischer Bambuspflanzer, ihre Bestände zu verjüngen: Sie sägen einen dicken Bambus-Halm in kurze Stücke, möglichst nur zwei Internodien lang. Rechts und links vom Knoten bleiben zwei halbe Internodien stehen. Diese füllen sie mit nassem Sand und legen das Halmstück in warme Erde, wo es sich an Ort und Stelle bewurzelt und neue Halme treibt. Doch diese beiden Methoden, so einfach sie klingen, eignen sich nicht für unser Klima und auch nicht für die winterharten Bambus-Arten, die bei uns gedeihen.

Doch wer einen tropischen Bambus im Wintergarten besitzt und einen grünen Daumen hat, kann es ja immerhin versuchen.

Achtzig Jahre alter Bambusbestand im Schloßgarten des Markgrafen von Baden-Baden: *Phyllostachys viridiglaucescens*

Gartengestaltung mit Bambus

Daß Bambus immer mehr Freunde findet, von Jahr zu Jahr beliebter wird, hat viele Gründe. Hauptgrund ist sicher die Schönheit und Eleganz der Pflanze, ihre Transparenz, ihre Leichtigkeit. Daß Bambus eine immergrüne Pflanze ist, die auch im tiefsten Winter den Garten schmückt, ist eine Eigenschaft, die viele Gartenbesitzer sehr hoch schätzen. Ein weiterer Grund für die Beliebtheit von Bambus ist, daß er andere Pflanzen im Garten optisch nicht »erschlägt«, weil selbst ein dichter Bambus so zierlich in der Struktur ist, daß auch andere Bäume, Sträucher und Stauden neben ihm zur Geltung kommen, ja bei richtiger Pflanzung sogar noch hervorgehoben werden. Und Bambus ist sehr vielseitig einsetzbar. Seit wenigen Jahren erst werden von Baumschulen und Staudengärtnereien eine solche Vielfalt von Gattungen und Arten angeboten, daß praktisch kaum ein Wunsch offen bleibt, was Größe, Form und Verwendbarkeit angeht. Man kann Bambus als Hecke pflanzen, als Hain, als Bodendecker und als Solitärpflanze. Bambus belebt Innenhöfe und Balkone, steht in öffentlichen Anlagen und auf Dächern und sogar auf der Fensterbank.

Bambus ist, soweit man bisher feststellen konnte, recht unempfindlich gegen Umweltverschmutzung und bleibt auch da noch lange gesund, wo unsere einheimischen Pflanzen in saurem Regen sterben. Es wurden sogar schon verschiedentlich Pläne propagiert, Waldbäume durch Bambus zu ersetzen.

Wer Bambus für seinen Garten, seinen Innenhof, die Terrasse kauft, hat meist schon genaue Vorstellungen über den Standort, der ja zu einem entscheidenden Teil von den Lebensbedürfnissen der Pflanze bestimmt wird. Deshalb sollen für die Gartengestaltung mit Bambus keine Anweisungen, sondern nur Hinweise gegeben werden, was möglich ist, was schön und was sinnvoll ist.

Bambus als Solitärpflanze

In japanischen Gärten findet man oft nur wenige Bambusrohre in Kies stehend, der in symbolische Muster geharkt ist. Das sieht außerordentlich ästhetisch aus, entspricht aber nicht unseren europäischen Vorstellungen von einem Garten. Dennoch darf man diese Grundidee nicht ganz vergessen, wenn man Bambus als Solitärpflanze in den Garten stellt. Damit ein Bambus auch richtig zur Geltung kommt, muß er Platz haben, um sich zur Schau zu stellen. Vor einer grünen Hecke oder einem Gebüsch kommt ein einzelner Bambus nicht richtig zur Geltung. Seine Schönheit besteht nun einmal in seiner eleganten Form, seinen zarten Blättern, seinen grünen oder farbigen Halmen – und die sollten bei einer Solitärpflanze auch richtig zu sehen sein. Bambus braucht also einen neutralen Hintergrund, um zu wirken, eine weiße Hauswand etwa oder eine rote Ziegelmauer. Ein hoher Bretterzaun kann eine ebenso wirkungsvolle Kulisse bilden wie dunkle Koniferen. Steht ein schöner Bambus mitten auf einer Rasenfläche, wird seine Schönheit hervorgehoben und betont durch einen schlichten Brunnen, eine japanische Steinlaterne oder einen interessanten Findlingsstein. Dann allerdings sollten andere Sträucher Abstand halten; der Solitär-Bambus ist ein Star, der allein glänzen möchte. In der Nähe eines Gartenteiches oder eines kleinen Gewässers wirkt ein einzelner Bambus wunderschön. Er spiegelt sich im Wasser, verdoppelt damit seine Schönheit. Sitzt er allerdings mitten zwischen hohen Gräsern, die üblicherweise einen Gartenteich umgeben, bleibt seine Schönheit versteckt. Besser passen zum Bambus am Wasser Steine und niedrige, buntblühende Stauden.

Je höher ein Bambus ist, desto näher können die anderen Gartenpflanzen rücken. Ein fünf Meter hoher Bambus wirkt auch noch zwischen anderen Sträuchern, ein Bambus von nur zwei Metern Höhe verschwindet darin.

Als Einzelpflanzen eignen sich vor allem Arten von *Phyllostachys*, zum Beispiel *P. decora* oder *P. nigra* und *Fargesia*, zum Beispiel *F. nitida*, 'Eisenach' oder 'Nymphenburg', *Pseudosasa japonica* und *Sasa palmata*.

Für kleine Gärten oder Vorgärten eignen sich als Solitärpflanzen Bambus-Arten von zartem Bau, wie etwa alle *Fargesia*-Arten. Wenn ein solcher gut gewachsener Bambus inmitten einer bunten Gesellschaft einjähriger Blumen oder blühender Stauden steht, wirkt der Vorgarten größer, als wenn an derselben Stelle ein massiver Nadelbaum oder ein dichter Busch stünde. Für schmale Gärten eignen sich auch *Phyllostachys*-Arten gut, die sehr gerade und aufrecht wachsen.

Bambus als Hecke

Schön und gleichzeitig nützlich ist eine Bambus-Hecke. Sie schützt vor dem Einblick von außen, sie schützt vor Wind und Lärm und sie ist pflegeleicht. Da eine Bambus-Hecke auch im Winter grün bleibt,

hat sie manche Vorteile gegenüber Hecken aus Sträuchern, die im Winter das Laub abwerfen: Sie ist zu jeder Jahreszeit attraktiv und schützt gerade dann, wenn es am wichtigsten ist, Garten oder Terrasse vor Wind und Zug. Eine Bambus-Hecke schafft so auch in der kühlen Jahreszeit ein günstiges Kleinklima im Garten, von dem alle anderen Pflanzen profitieren. In England zum Beispiel sind Hecken aus *Pseudosasa japonica* sehr beliebt. Sie wachsen sehr dicht, und die relativ großen Blätter dieser Gattung halten den Wind gut ab. In Frankreich findet man häufiger Hecken aus *Semiarundinaria fastuosa*, dem Säulenbambus. Sie werden dort gerne zwischen Straßen und Gärten angepflanzt, weil sie gut vor Lärm und Schmutz schützen. Diese Hecken wirken sehr gerade und streng, haben aber durchaus ihren eigenen Reiz. Auch *Fargesia* kann als Hecke durchaus reizvoll sein, denn hier schützen nicht nur die Blätter, sondern auch die vielen Halme vor Sicht und Wind.

In solchen Hecken nisten gerne Vögel. Sie verwenden abfallende Bambusblätter, Halm- und Blattscheiden mit Vorliebe zum Nestbau. Und

Je älter ein Bambushalm ist, desto stärker verzweigt er sich, und desto mehr Blätter hat er. Das ist zum Beispiel für die Anlage einer Bambushecke interessant.

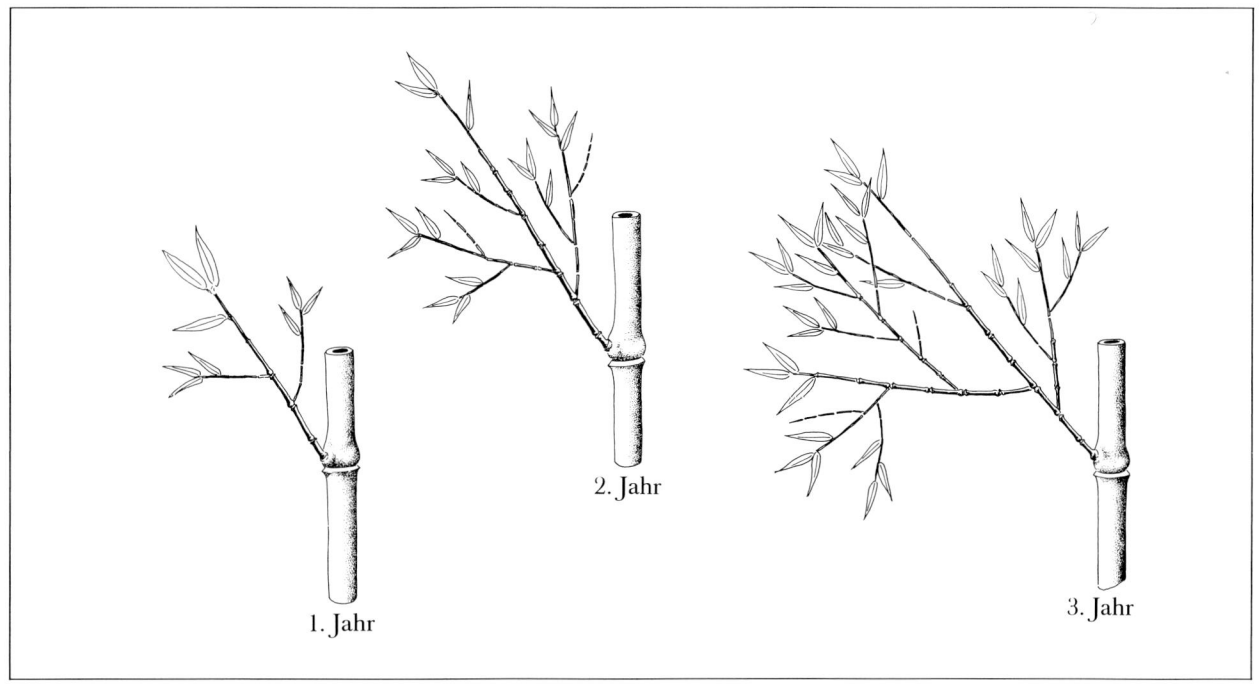

1. Jahr

2. Jahr

3. Jahr

Phyllostachys nigra und *Phyllostachys flexuosa* zwischen Steinen an einem künstlichen Wasserlauf

Ein grünes Dach von älteren *Phyllostachys aurea* über einem natürlichen Bach

Fargesia murielae am Wasserstein
in einem Innenhof

Fleißige Lieschen *(Impatiens)* als
Unterpflanzung unter einer
Hecke aus *Fargesia nitida*

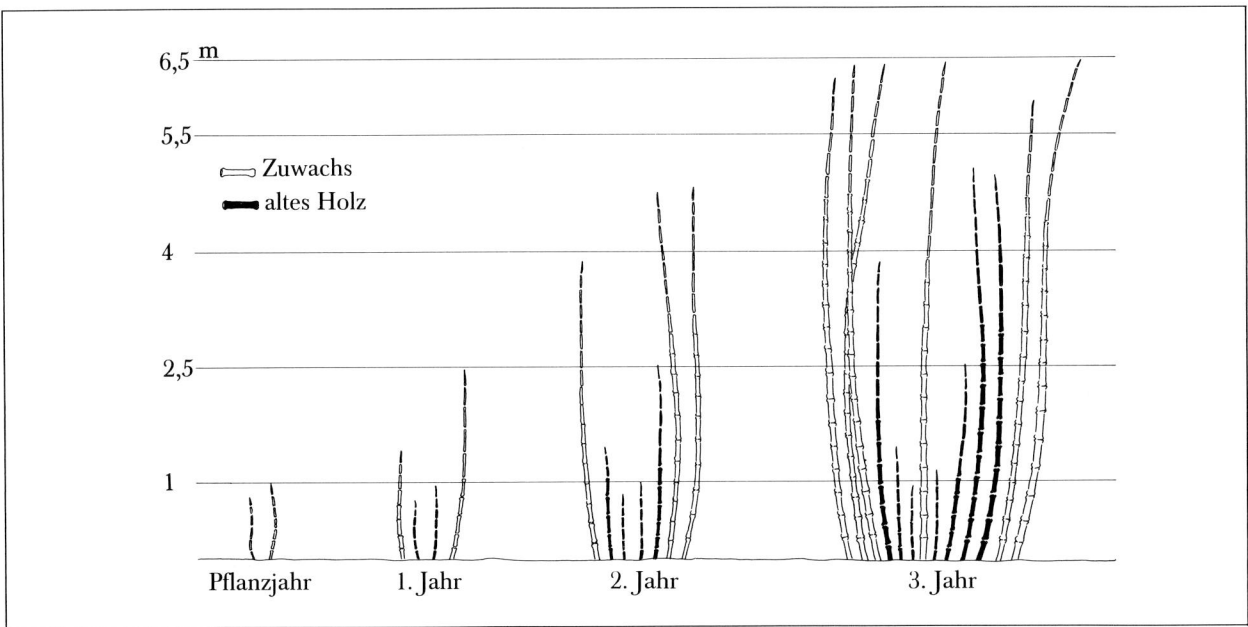

6,5 m			
5,5			
4			
2,5			
1			
Pflanzjahr	1. Jahr	2. Jahr	3. Jahr

Zuwachs
altes Holz

So entwickelt sich eine junge Bambuspflanze an einem guten Standort und bei richtiger Pflege. Die jungen Halme sind länger und dicker als die Halme aus den vorhergehenden Jahren – erst nach etwa fünf bis zehn Jahren bildet der Bambus in jedem Jahr gleich große und gleich dicke Halme.

keine Katze schafft es, über die elastischen Bambushalme zu dem Vogelnest hinaufzuklettern.

Je älter eine Bambus-Hecke wird, desto dichter wird sie auch. Und zwar um so schneller, je enger man die Jungpflanzen gesetzt hat. Wenn man bei einer Neupflanzung mit *Phyllostachys* alle 1,50 m eine Jungpflanze setzt, hat man bald eine geschlossene Hecke, wenn man bei der Pflanzung und Pflege keine Fehler macht. Bei einigen Bambus-Arten besteht allerdings die Gefahr, daß die Hecke nach einigen Jahren nur noch im oberen Teil dicht ist, bei *Phyllostachys*-Arten etwa. Denn die höheren Halme treiben ja Zweige und Blätter mehr an der Spitze als die kleinen Halme. Man wird also bestrebt sein, eine Bambushecke relativ kurz zu halten, damit ein guter Sicht- und Windschutz gewährleistet ist. Das erreicht man nun allerdings nicht mit einem »Heckenschnitt« herkömmlicher Art. Würde man alle Halme auf dieselbe Länge kürzen, wäre die Hecke auf Jahre hinaus unansehnlich. Wohl würden einzelne Halme mehr Zweige austreiben, aber das sieht unordentlich und vor allem völlig untypisch aus. Einen Bambus hält man mit einer anderen Methode kurz und dicht: Man lichtet die Hecke ständig etwas

aus. Und zwar schneidet man ständig einen Teil der älteren Halme, die nicht mehr sehr ansehnlich sind, unten am Boden ab. Eine Hecke bleibt allerdings nur in Form, wenn man sie regelmäßig weiter so behandelt.

Monopodiale Arten können lange Ausläufer bilden. Wenn man nicht plant, aus der Hecke einen Bambushain werden zu lassen, wird man im Mai die aus der Erde kommenden Sprosse ausgraben (und die von *Phyllostachys* in den Kochtopf wandern lassen) oder an der Hecke entlang mit dem Rasenmäher alle nicht gewünschten Sprosse abmähen. Zum Nachbarn hin empfiehlt es sich, die Ausläufer mit einem scharfen Spaten abzustechen oder die Hecke mit Steinplatten oder Wellpolyester, die mindestens 60 cm tief eingegraben werden müssen, so abzugrenzen, daß die Rhizome erst gar nicht hinüberwandern können.

Der Bambus-Hain

Wer einen großen Garten hat, kann einen ganzen Hain aus Bambus wachsen lassen – das ist wohl eine der faszinierenden Möglichkeiten, Bambus im Garten zu halten. Für einen Hain eignen sich alle großen Bambus-Gattungen – vor allem *Phyllostachys* und *Semiarundinaria*. Am schönsten wirken alle *Phyllostachys* im Hain. *P. aureosulcata* und *P. bissetii* zum

Beispiel wachsen sehr aufrecht – aber auch die überhängenden Arten sehen als Hain gut aus.

Für einen Hain eignet sich auch der sogenannte Riesenbambus *Phyllostachys viridis*. Er wird in unseren Breiten natürlich nicht so riesig wie in seiner Heimat. In Südfrankreich wird er aber immerhin bis zu 20 Metern hoch und bildet die eindrucksvollsten Haine in Mitteleuropa. In nicht zu kalten Landstrichen eignet sich auch *Phyllostachys decora, P. rubromarginata* oder *P. viridiglaucescens* sehr gut für einen Bambus-Hain.

Wer einen Bambushain plant, muß viel Geduld haben, denn erst nach etwa zehn Jahren hat der Bambus seine mögliche Höhe erreicht. Man wird also zunächst nach Bedarf drei oder mehrere Pflanzen an den Platz setzen, wo der Bambushain geplant ist. Es sollten allerdings keine anderen Bäume oder großen Büsche in der Nähe sein. Damit während der Zeit, in der der Bambushain heranwächst, der Platz nicht langweilig aussieht, kann man gärtnerisch einiges machen: Hübsche große Steine um die Bambuspflanzen legen, einjährige und zweijährige Sommerblumen dazwischen säen. Büsche oder Sträucher kommen schon deshalb nicht in Frage, weil die großen Bambuspflanzen mit ihnen in Konkurrenz treten und ihnen Licht, Nahrung und Wasser wegnehmen würden.

Die Bambuspflanzen wachsen nun Jahr um Jahr kräftiger heran, bis nach etwa zehn Jahren – das hängt von den äußeren Bedingungen ab – der Bambus seine mögliche Größe erreicht hat. Je größer die Pflanze wird, um so stärker breitet sich das Rhizom aus, auch die Halme werden dicker. Es beginnt ein Kreislauf, der die Pflanze zu stärkerem Wuchs anregt: Je mehr Halme mit Zweigen und Blättern heranwachsen, desto besser wird das Rhizom mit Nahrung versorgt, desto mehr Reserven kann es einlagern – und um so stärkere Halme bilden sich. Man erreicht also genau das, was man bei der Hecke vermeiden möchte: hohe Halme mit einem dichten Blätterdach. Aber auch im Bambushain muß man alljährlich auslichten. Es genügt allerdings, die vier bis fünfjährigen Rohre herauszuschneiden. Dabei hat sich die Methode bewährt, die auch professionelle Bambuspflanzer in Asien anwenden: Mit einem wasserfesten Stift markiert man an einer versteckten Stelle im ersten Jahr des Wachstums den Halm mit der Jahreszahl. So weiß man immer, welche Halme »fällig« sind. Wer allerdings seinen Bambus kennt, erkennt auch am Zustand des Hal-

mes, an der Verzweigung, ob man ihn noch ein Jahr lang belassen kann oder ob er schon reif zum Schneiden ist.

Ist ein Bambushain eingewachsen, hat man ihn sozusagen fürs ganze Leben. Man muß jedoch sehr aufpassen, daß er den übrigen Garten nicht vereinnahmt. Er wird immer größer, nimmt anderen Pflanzen das Licht und die Nahrung weg. Darum muß der Standort für einen Bambushain mit besonders gründlicher Überlegung ausgesucht werden.

Bambus als Bodendecker

Die niedrigen Bambus-Gattungen *Sasaella* und *Pleioblastus* eignen sich als Bodendecker, werden in Japan beispielsweise oft wie Rasen angepflanzt. Besonders gut eignet sich für diesen Zweck *Pleioblastus pygmaeus* mit seinen Sorten und *P. chino* var. *viridis* f. *humilis* die bestenfalls 50 cm hoch werden. Auch *Pleioblastus chino* var. *viridis* f. *pumilus* und *Sasaella ramosa* sind geeignet. Diese Arten werden zwar bis 80 cm hoch, können aber durch gelegentliches Abmähen kürzer und dichter gehalten werden. *Sasa* und *Sasamorpha* breiten sich nicht so schnell aus, eignen sich aber gut als Unterpflanzung unter Bäume oder große Sträucher, vor allem, weil sie auch im Schatten gedeihen. Sehr attraktiv wirkt *Sasa veitchii* mit den im Herbst von außen her eintrocknenden Blättern.

Wer schnell eine dichte Bodenbedeckung mit niedrigem Bambus haben möchte, muß im Frühjahr 8 bis 12 Pflanzen je m^2 setzen – und das geht ins Geld. Preiswerter ist es, nur 1 bis 4 Pflanzen je m^2 zu setzen und während der nächsten Jahre einjährige Sommerblumen dazwischenzusäen. Nach etwa fünf Jahren hat sich die Blätterdecke geschlossen – es kommt allerdings darauf an, wie vital und ausbreitungsfreudig der Bambus ist und welche Wuchsbedingungen man ihm geboten hat.

Man kann etwa folgende Faustregel für die Pflanzung von flächendeckendem Bambus anwenden, wobei natürlich gekaufte Pflanzen unterschiedlich groß sein können. Um eine Fläche von 1 m^2 zu bedecken, dauert es bei

1 Pflanze	4 bis 5 Jahre
3 Pflanzen	3 bis 4 Jahre
5–7 Pflanzen	2 bis 3 Jahre
8–12 Pflanzen	1 bis 2 Jahre

Bambus als Bodendecker wird man in erster Linie unter großen Bäumen oder unter starken Gebüschen anpflanzen. So kann sich hier kein Unkraut ansiedeln, der Boden ist bedeckt und gegen Verdunstung geschützt. Sehr schön sieht bodendeckender Bambus vor allem unter Koniferen aus, das dunkle und helle Grün stehen in reizvollem Kontrast. Auch unter Flieder- und Rosenbüschen macht sich Bambus gut, ebenso unter Feldgehölzhecken, unter denen auf diese Weise Unkraut ferngehalten wird. Besonders die niedrigen *Sasa*-Arten, die gerne im Halbschatten leben, sind für solche Hecken-Unterpflanzungen geeignet.

Ideal ist Bambus als Bodendecker zur Bodenbefestigung an steilen Hängen im Garten – aber es muß garantiert sein, daß die Bambuspflanzen genügend Wasser bekommen, was bei einem Hang nicht ganz unproblematisch ist. Schon nach wenigen Jahren ist das Rhizom so fest verflochten, daß selbst die schlimmsten Regengüsse die Erde nicht mehr abschwemmen können. Das ist vor allem in Gärten wichtig, die in Neubaugebieten angelegt werden. Die Bodenbewegungen während der Bauzeit lockern in Hanglagen das Erdreich. In den ersten Jahren aber siedeln sich hier keine tief und breit wurzelnden Pflanzen an, die das Erdreich festhalten könnten. Bambus kann in solchen Fällen eine echte Hilfe sein. Auch an trockenen Süd- und Westhängen in voller Sonne können die bodendeckenden Bambus-Arten gut gedeihen, wenn man nicht zu üppiges Wachstum erwartet.

Bodendeckender Bambus, vor allem alle *Pleioblastus*-Arten, verlangen schon vor dem Pflanzen gute Überlegung und Planung, denn in einem kleinen Garten kann man mit ihm sehr schnell Ärger bekommen, weil sich schnell lange Ausläufer bilden und überall dort in Erscheinung treten, wo man sie gar nicht haben möchte. Wenn er sich schnell ausbreitet, kann er andere niedrigere Pflanzen schädigen. Darum sollten alle Pflanzen, die man zusammen mit bodendeckendem Bambus im Garten verwendet, von Anfang an höher sein als der Bambus, damit sie sich behaupten können.

Oben: *Pleioblastus chino* var. *humilis* f. *pumilus* mit Sommer-Margeriten
Unten: *Sasaella ramosa* als Bodendecker und Wegbegleiter

Großen Kübelpflanzen, die als Hochstämmchen gezogen sind, kann man einen hübschen *Sasa* als Unterpflanzung geben, man muß dann nur etwas mehr gießen und düngen.

Bambus in öffentlichen Anlagen

Haine, Hecken und »Wiesen« aus Bambus, aber auch große Solitärpflanzen, eignen sich hervorragend für öffentliche Anlagen. Bambus erfordert keinen großen Aufwand für Pflege und ist relativ unempfindlich gegen Luftverschmutzungen. In Japan beispielsweise, wo vor der Einführung des Katalysators die Luftverschmutzung besonders hoch war, hat Bambus keine nennenswerten Schäden davongetragen. Lediglich gegen Salz im Boden ist Bambus empfindlich. Daß sich Bambus in der Stadt recht wohl fühlt, haben sich schon einige Städte zunutze gemacht. Da gibt es zum Beispiel in Bern auf dem Universitätsgelände große Bambuspflanzungen, welche die Straßen säumen. Um öffentliche Gebäude herum wird – noch zaghaft zwar, aber doch deutlich zunehmend – Bambus angepflanzt. Das lichte Grün, das auch im Winter schöne Akzente setzt, mildert auch in Deutschland schon unschöne Betonarchitektur. Auch in öffentlichen Parks und hier und dort in Fußgängerzonen sieht man Bambus als »Grün in der Stadt«. Was allerdings in Japan gang und gäbe ist, hat sich in Europa noch nicht durchgesetzt: Die Begrünung von Straßenböschungen mit Bambus. Die dicke Rhizomschicht hält die Böschungen fest, es besteht keine Gefahr mehr, daß die Erde von schweren Regenfällen auf die Straße gespült wird. Diese Straßenböschungen werden in Japan einmal jährlich mit dem Balkenmäher abgemäht, der Bambus wächst dicht und kurz wieder nach.

Bambus auf der Terrasse

Die Terrasse am Haus, das beliebte Sommerzimmer, eignet sich ganz besonders, um sozusagen »hautnah« mit Bambus zu leben. Als lockerer, immergrüner Sichtschutz, der auch im Winter seinen Zweck erfüllt, ist Bambus gerade für Terrassen in eng besiedelten Gebieten gut geeignet. Man fühlt sich hinter einer Sichtschutzhecke aus Bambus

Oben: *Phyllostachys viridis* am See in einem
öffentlichen Park
Links: *Pleioblastus chino* var. *pumilus* mit Sommerstauden
Seite 115 oben: *Phyllostachys aurea* als Sichtschutz
an einem Wohnhaus
Seite 115 unten: Alter Hain aus *Phyllostachys nigra* f. *henonis*

nicht eingeengt, denn Bambus wirkt wie ein licht-
grüner Vorhang, der eine ganz besondere Atmo-
sphäre auf der Terrasse schafft. Die Licht- und
Schattenspiele des sich im leisesten Luftzug bewe-
genden Bambus mit seinen zarten Blättern haben
Chinesen und Japaner schon seit Jahrhunderten be-
wogen, Bambus sozusagen als »Kunst am Haus« zu
halten. In asiatischen Ländern können sich die
Menschen stundenlang in die Betrachtung eines
Bambuszweiges und seines Schattenspiels an der
Wand vertiefen. Auch wenn wir Mitteleuropäer
nicht die innige Beziehung zum Bambus haben wie
in fernöstlichen Ländern, so werden wir doch bald
fasziniert sein von schönen Bambuspflanzen, die im
Sommer in die allernächste Wohnumgebung einbezogen werden. Man wird für Terrassen besonders

zartblättrige und schön verzweigte Arten auswählen, etwa *Phyllostachys aureosulcata*, *P. bissetii* und *P. humilis*, die alle eine besonders schöne Zweighaltung haben. Dekorativ sind auch *Fargesia nitida* 'Eisenach' und 'Nymphenburg', deren Zweige wie grüne Kaskaden überhängen. *Phyllostachys bambusoides* 'Castilloni' mit gelbem Halm und grünem Sulcus und seinen weiß gestreiften Blättern gedeiht, obwohl nicht ganz so winterhart wie andere *Phyllostachys*, in Hausnähe gut, weil er hier vor allzu großer Kälte, praller Wintersonne und scharfem Wind geschützt werden kann.

Im Winter erfreut man sich besonders am Bambus, der die Terrasse ziert. Man hat immer noch, auch an den grauesten Tagen, einen Hauch von Frühling im Blick. Und wenn Schnee auf den grünen Blättern und Zweigen des Bambus liegt und er sich tief herunterneigt, ist das ein Anblick, der jeden Menschen erfreut und entspannt, wenn er sich nur genügend Zeit nimmt, die Schönheit dieses Anblikkes zu genießen.

Bambus, der die Terrasse abschirmt, kann man sehr gut mit Blumen unterpflanzen. Es müssen aber Blumen oder Stauden sein, die nicht viel Licht brauchen. Wenn der Bambus nicht allzu dicht wächst, sieht Farn besonders schön darunter aus. Ein Teppich von Fleißigen Lieschen *(Impatiens)* in allen Farben sieht unter den Bambuspflanzen oder um sie herum nicht nur gut aus, diese Blume fühlt sich dort auch ganz besonders wohl. Bodendeckende Rosen, unter zarte Bambushalme gepflanzt, gedeihen recht gut, auch wenn die Blütenpracht nicht ganz so üppig wird, wie in der vollen Sonne.

Wenn Bambus an der Terrasse angepflanzt wird, braucht man nicht zu befürchten, daß die Rhizome die Platten der Terrasse hochheben, wie das oft bei anderen Sträuchern oder gar Bäumen der Fall ist. Es kann schlimmstenfalls passieren, daß der eine oder andere Sproß in den Fugen hochwächst.

Bambus in Innenhöfen

Für Innenhöfe, etwa bei einem Atriumhaus, ist Bambus besonders geeignet. Seine Rhizome beschädigen den Plattenbelag nicht, kommt ein Sproß aus den Fugen der Platten hoch, kann man ihn entfernen – oder stehen lassen. Das kann sogar ein ganz besonders reizvolles Bild werden. Bambus mag das

geschützte Klima in einem solchen Hofgarten besonders; hier gedeihen auch Bambus-Arten, denen es draußen im Freien zu rauh ist. Allerdings darf man nicht vergessen, daß es auch in einem offenen Innenhof tiefe Frostgrade geben kann.

Eine Gartengestaltung im Innenhof mit Bambus kann sehr reizvoll sein, wenn man den Bambus ganz bewußt als gestaltendes Element einsetzt – etwa zusammen mit einem Wasserbecken und einem großen Stein oder mit Farnen, Moosen und Efeu als Unterpflanzung. Wer den Innenhof nicht pflastern oder betonieren möchte, kann auch versuchen, einen Hof im japanischen Stil zu gestalten – mit Bambus und weißem Kies, der zu grafischen Mustern geharkt wird. Ein solcher Hof ist dann allerdings nur zum Anschauen geeignet, Federball oder Tischtennis spielen kann man da nicht. Wenn man Bambus in den Innenhof pflanzen möchte, nimmt man einige Platten heraus – oder spart sie bei der Neuanlage schon aus, so daß der Bambus direkt in die Erde gesetzt werden kann. Stellt man Bambus in Trögen in einen Innenhof, muß man sie vor der Kälte des Winters schützen, weil die Erde im Kübel durchfriert. Bambus im Innenhof muß öfter gegossen werden als Bambus im Garten: einmal deshalb, weil die Erde im Innenhof oft zu großen Teilen bedeckt ist mit Platten oder anderen Belägen. Das bedeutet, daß die Erde, wenn es regnet, nicht so gut durchfeuchtet wird wie in einem Garten. Zum anderen halten immer Dachvorsprünge und Wände den Regen ab. Tropische Bambuspflanzen müssen auch aus einem Innenhof im Winter nach drinnen gebracht werden, an einen sehr hellen Platz (s. Seite 122).

Dachbegrünung

Bambus wurde sogar schon zur extensiven Dachbegrünung eingesetzt, und zwar mit recht gutem Erfolg. Im Gegensatz zum Dachgarten ist darunter eine begrünte, aber nicht zum Aufenthalt nutzbare Dachfläche zu verstehen. Grüne Dächer können zwar nicht die durch die immer dichter werdende Besiedlung zugebauten Grünflächen ersetzen, aber begrünte Flachdächer schaffen immerhin soviel Lebensraum für Sauerstoff produzierende Grünpflanzen, daß das Stadtklima dadurch deutlich verbessert werden kann. Außerdem werden die Wohnungen und Büros unter den begrünten Dächern im

Sommer und im Winter besonders gut klimatisiert: Im Sommer verhindern die durchwurzelte Substratschicht und die Pflanzendecke das starke Aufheizen der Luft unter dem Dach, im Winter isoliert die Dachbegrünung gegen die Kälte.

Wird ein Flachdach begrünt, muß zuerst eine 1 mm dicke verrottungsfeste Wurzelschutzfolie auf das Dach gebracht werden. Sie verhindert, daß die Wurzeln das Dach durchwachsen und es undicht machen. Eine Nylon-Schlingmatte sichert die notwendige Durchlüftung der Wurzeln auf dem Dach und läßt überschüssiges Wasser schnell abfließen. Eine Vliesmatte darauf verhindert wiederum, daß Teile des Substrats weggespült werden. Da Erde häufig zu schwer ist, vor allem bei nachträglicher, bei der Planung nicht vorgesehener Begrünung, verwendet man heute Steinwollmatten als Substrat. Diese Matten wiegen nicht viel und sind einfach auf das Dach zu transportieren. Es gibt sie allerdings nur bis 20 cm Dicke, und das reicht natürlich weder für Bambus noch für Sträucher oder gar für kleinere Bäume aus. Deshalb werden Bambuspflanzen, die zur Dachbegrünung verwendet werden, in spezielle Baumkörbe gepflanzt, die verhindern, daß sich die Rhizome ausbreiten und das Dach durchstoßen. Man kann ein Dach folglich nicht vollständig mit Bambus begrünen, wie man es etwa mit Gras macht. Die Rhizome würden sich zu stark ausbrei-

ten und früher oder später die Wurzelschutzfolie durchstoßen. Dem Bambus als „Wiese“ ist es auf einem Flachdach auch zu heiß, zu trocken und zu windig. Man wird also Bambus immer nur zusammen mit anderen Dachbegrünungspflanzen verwenden und nur auf Dächern, die begehbar sind, auf denen man die Pflanzen gießen und düngen kann.

Für Dachbegrünung sollte man nur zuverlässig winterharten Bambus verwenden und Arten, die nicht allzu groß werden. Versuche mit *Fargesia murielae* und *F. nitida*, mit *Pseudosasa japonica*, *Pleioblastus chino* var. *viridis* f. *pumilus* und *Pleioblastus*-Arten waren bisher recht erfolgreich.

Dachgärten

Bei ausreichender Tragfähigkeit der Dachfläche lassen sich Dächer auch zu nutzbaren Gartenräumen ausbauen und gestalten. Es gilt dann das für Innenhöfe und Terrassen Gesagte. Zu Pflanzung sind die zuverlässig winterharten Bambusse, die in diesen Kapiteln und unter Dachbegrünung aufgeführt sind, geeignet. Häufiger wird man aber, vor allem aus technischen Gründen, für Dachgärten Kübelpflanzen verwenden. Deshalb sei auf das folgende Kapitel verwiesen.

Bambus als Kübelpflanze

Pflanzung und Pflege

Wer keinen eigenen Garten hat, etwa in der Großstadt lebt, braucht auf Bambus nicht zu verzichten. Man kann diese hübschen Pflanzen nämlich ebensogut im Kübel halten. Theoretisch kann man jeden Bambus in ein Pflanzgefäß setzen und ihn auf der Terrasse, auf dem Balkon, auf einem Dachgarten, im Wintergarten oder an einem hellen Fenster im Zimmer aufstellen. Da diese Art der Bambus-Pflanzung mobil ist, die Pflanze also in der kalten Jahreszeit ins Haus gebracht werden kann, bietet es sich vor allem an, tropische Bambus-Arten in Kübel und Töpfe zu setzen, Pflanzen also, die im Freien ausgepflanzt keine Chance hätten, den Winter zu überstehen.

Bei einer Kübelpflanze wird man außerdem andere Kriterien und Maßstäbe anlegen als bei einer Gartenpflanze. Im Garten soll sie sich mit den anderen Pflanzen zu einem schönen Bild vereinen, im Kübel kommt die spezielle Schönheit der Einzelpflanze besonders gut zur Geltung.

Also wird man, wenn möglich, für ein Pflanzgefäß, das einzeln aufgestellt wird, Bambus-Arten bevorzugen, die eine besonders schöne Form haben, die durch interessante Halmfärbungen, schöne Halmscheiden oder elegante Blatthaltung auffallen. So sind besonders schön im Kübel anzusehen alle *Arundinaria*-Arten, *Baumbusa* und einige *Phyllostachys*-Arten, wie *P. flexuosa*, *P. nidularia* oder *P. nigra*. Auch die überhängenden *Fargesia*-Sorten eignen sich sehr gut für die Haltung im Kübel.

Wie im Garten ausgepflanzter Bambus, braucht auch Bambus im Kübel den richtigen Standort, um optimal zu gedeihen. Man muß ihn in die Sonne stellen oder in den Halbschatten, je nach Art und Gattung. Vor allem aber muß das Pflanzgefäß groß genug sein – weniger als 50 Liter ist für größere Bambus-Arten gar nicht diskutabel. Anders als bei der Pflanzung im Freien, wo die Rhizome sich ausbreiten können, ist ja der Platz im Kübel beschränkt. Wie jede andere Pflanze kümmert auch ein Bambus, wenn die Halme und Blätter nicht mehr ausreichend durch die Wurzeln ernährt werden können. Ein großes Pflanzgefäß ist deshalb unbedingt notwendig, wenn man einen stattlichen Bambus im Kübel halten möchte.

Schnitt

Wenn die Bambuspflanze im Kübel oder gar im Topf nicht sehr groß sein soll – was zum Beispiel bei der Haltung in einem Zimmer oder auf dem Balkon sinnvoll ist –, kann man den Bambus auch klein und buschig halten. Der gärtnerische Kniff dabei: Man teilt die Pflanze mehrere Jahre nacheinander in einzelne Halme mit nur zwei oder drei Rhizomknospen. So wachsen recht schnell nicht sehr große, aber typisch aussehende Jungpflanzen heran, die man auch in einem kleineren Pflanzgefäß halten kann. Hat man einen bereits gut entwickelten Bambus im Kübel, muß man dafür sorgen, daß er nicht zu viele Halme bekommt, denn der beschränkte Platz, den das Rhizom hat, bedingt auch, daß das Rhizom nicht so viele Halme versorgen kann. Immer wieder sollte man ein Drittel bis die Hälfte der älteren Halme herausschneiden. Ob man das in jedem Jahr macht oder nur in jedem zweiten, hängt davon ab, wie viele neue Halme in jedem Frühling austreiben. Wenn sich im Mai nur vier oder fünf neue Halme bilden, wird man dem Bambus nur die älteren, unansehnlichen Halme wegnehmen. Kommen aber sehr viele neue Triebe, wird man den Großteil der älteren Halme und sogar einige schwächere neue Halme wegschneiden. So kann man sicher sein, daß die oberirdische Pflanze mit ihrem unterirdischen Teil im Gleichgewicht ist und daß sie ausreichend

Phyllostachys aurea 'Albovariegata' als große Kübelpflanze, die Campsis-Blüte wächst von oben in den Bambus

mit Wasser und Dünger versorgt wird. Die Stoppeln der so tief wie möglich abgeschnittenen Halme läßt man stehen, sie verrotten innerhalb weniger Monate und geben den besten Humus für die Pflanze ab.

Bewässerung

Beim Bambus im Kübel muß man besonders darauf achten, daß die Erde im Topf nicht austrocknet. Die Erde im Topf oder Kübel wird sehr viel schneller erwärmt als der Gartenboden. Man muß also auch mit höherer Verdunstung rechnen und der Boden trocknet schneller aus als der Gartenboden. Ergebnis: Man muß den Bambus im Kübel öfter gießen als den im Garten.

Wenn man einen großen Bambus in einem großen Pflanzgefäß hat, tut man gut daran, unten eine Kiesschicht als Dränage einzubringen. Damit wird ein Abzug des Wassers garantiert, und der ist nötig, denn die Gefahr, daß die Pflanzen durch stauende Nässe in einem Kübel faulen, ist erheblich größer als bei einem im Freiland ausgepflanzten Bambus.

Es gibt inzwischen im Handel recht vernünftig konstruierte Pflanzgefäße mit Dränage und Wasserreservoir. Diese Gefäße sind tiefer als normale Pflanzkübel. Das Reservoir ist mit einer durchlöcherten Plastikscheibe bedeckt, durch die Dochte gesteckt werden, meist aus Baumwolle. Diese Dochte führen dem Substrat das Wasser zu, das sie dem Reservoir entziehen. Durch Gießrohre wird das Wasserreservoir immer wieder aufgefüllt. Der Vorteil dieser Pflanzgefäße: das Wasser ist abgestanden und wird in der richtigen Dosierung an die Pflanze abgegeben. Der Nachteil: Wenn die Dochte nicht mehr funktionieren, merkt man das erst, wenn die Pflanze schon vertrocknet ist.

Relativ neu auf dem Markt sind Pflanzgefäße mit Reservoir, die nicht mit Erde, sondern mit Steinwollmatten als Pflanzenträger gefüllt werden. Diese Steinwolle kann nach Maß auf die Pflanzgefäße zugeschnitten werden und eignet sich auch für Bambus, vor allem dann, wenn er in großen Innenräumen gehalten wird.

Bambus im Topf oder Kübel muß mit Regenwasser gegossen werden, vor allem in Gegenden mit sehr kalkhaltigem Leitungswasser. Wenn mit kalkhaltigem Wasser gegossen wird, laugt das Substrat schnell aus und wird undurchlässig. Das trifft natürlich nicht nur bei Bambus zu, aber bei Bambus ist es schwierig, das Substrat auszutauschen, denn die

Rhizome nehmen Beschädigungen übel. Deshalb lieber vorbeugen als heilen.

Versuche, Bambus in Hydrokultur zu halten, sind bisher gescheitert. Verschiedene Hydro-Gärtnereien haben versucht, Bambuspflanzen mit den verschiedensten Tricks auf Hydrokultur umzustellen, die Rhizome sind gefault. Da aber der eine oder andere Bambus – völlig unterschiedlich in Gattung und Art – sich doch an Hydrokultur gewöhnt hat, sind immer noch Versuche in dieser Richtung im Gange. Der Hobbygärtner ohne Spezialkenntnisse wird mit ziemlicher Sicherheit keine Freude an Bambus in Hydrokultur haben.

Düngung

Die Düngung des Bambus im Kübel entspricht der des Bambus im Freien. Da man allerdings die Kübelpflanze im Winter nach drinnen bringt – entweder in ein Kaltgewächshaus, einen Wintergarten oder an ein sonniges Fenster im Zimmer –, braucht man sich nicht an die Regel zu halten, mit dem Dünger während des Sommers sparsam umzugehen. Man düngt die Kübelpflanzen einmal beim Austrieb der Halme, dann drei Monate später, wenn die Rhizome sich weiterentwickeln und nochmals 2 bis 3 Monate später zur Reserveeinlagerung in die Rhizome. Bei winterharten Bambusgattungen wird das im April, Juni und September sein, bei tropischen Bambusgattungen, die erst im Spätsommer oder Herbst Halme treiben, entsprechend später. Wenn man allerdings beabsichtigt, den Topfbambus den Winter über im Freien zu lassen, eingepackt oder in die Erde eingesenkt, darf man ihm im Spätsommer oder Herbst keinen Dünger mehr geben.

Überwinterung

Die Überwinterung des Bambus ist etwas problematischer als die anderer Kübelpflanzen. Bambus braucht auch im Winter viel Licht, sonst geht das Laub zugrunde. Eine Überwinterung in einem leidlich hellen Kellerraum oder gar in einer Garage überlebt ein Bambus nicht. Wer einen ungeheizten Raum hat, kann den Bambus hier überwintern lassen – allerdings muß gewährleistet werden, daß keine so tiefen Temperaturen auftreten, daß die Rhizome in den Töpfen erfrieren. Ein Gewächshaus, das im Winter gleichmäßig bei etwa 5 °C temperiert werden kann, ist richtig für die meisten Bambus-Gattungen im Kübel. Tropische Gattungen brauchen mindestens 10 °C. Man kann sie in den Wintergarten oder in ein sehr helles Zimmer stellen (s. Seite 122). Winterharte Bambus-Arten kann man auch im Kübel draußen überwintern. Dann muß man aber den Kübel mit einer dicken Isolierschicht ummanteln. Das kann Glaswolle, eingepackt in Noppenfolie sein, das kann auch ein dickes, mit Folie umwickeltes Stroh- oder Mistpaket sein. Noch sicherer allerdings ist es, den Bambus samt dem Kübel in ein tiefes Loch im Erdreich zu versenken und mit einer Packung Mulch zuzudecken.

Bambus auf Balkonen und Dachgärten

Auf Balkonen, die von der Sonne nicht allzusehr aufgeheizt werden, und auf Dachgärten gedeiht Bambus gut, er muß allerdings vor Wind und vor Austrocknung geschützt werden. Eine Glaswand kann bei einem Balkon ein nützlicher Windschutz sein. Allerdings sollte man dabei unbedingt bruchsicheres Glas verwenden und die Scheibe mit Vogelattrappen bekleben, um die Vögel abzuhalten, gegen die Scheibe zu fliegen und sich dabei tödlich zu verletzen. Als Windschutz kann aber auch eine Flechtwand oder ein Metallgitter dienen, das man mit Kletterpflanzen bewachsen läßt. Dachgärten sind im allgemeinen ohnehin gegen Zug geschützt, denn auch die Menschen wollen sich ja hier in einem angenehmen Klima aufhalten.

Auf dem Balkon und auf dem Dachgarten kann man mit Bambus in Kübeln ein geradezu tropisches Dickicht schaffen und darunter »Balkonurlaub« wie im Dschungel machen. Aber man muß daran denken, daß alle diese Pflanzen irgendwo überwintern müssen – und das ist, wenn die Bambuspflanzen sehr groß sind, in einer Wohnung ein echtes Problem. Viele Gärtner lassen mit sich reden und nehmen den Bambus während des Winters gegen eine geringe Gebühr in Pflege. Große Bambuspflanzen, die man auf dem Balkon und auf dem Dachgarten hält, pflanzt man am besten in möglichst leichte Pflanzgefäße, sonst wird der Transport von draußen nach drinnen – und zum Gärtner – unmöglich. Sind die Pflanzgefäße groß genug, kann man allerdings *Fargesia* auch im Winter auf dem Balkon halten –

wenigstens in milden Gegenden, in denen es nicht regelmäßig ausgesprochen tiefen Frost gibt. Dieser Bambus-Gattung macht es nicht so viel aus, wenn das Rhizom etwas Frost abbekommt.

Bambus als Zimmerpflanze

Das große Lichtbedürfnis des Bambus und die auch in hellen Räumen gegenüber dem Freiland reduzierten Lichtwerte schränken die Auswahl der Bambus-Arten etwas ein. Für die Haltung im Zimmer sind am besten Bambus-Arten geeignet, die im Freien gerne halbschattig stehen. Zum Beispiel *Bambusa glaucescens* 'Golden Goddess', *Chimonobambusa falcata*, *Pseudosasa japonica*, *Fargesia nitida* und *Indocalamus tesselatus* können gut in hellen Räumen gehalten werden. Auch *Phyllostachys* entwickelt sich an einem sonnigen Platz an einem großen Fenster gut. Wer einen Bambus im Zimmer hat, darf sich allerdings nicht daran stören, daß sich die Pflanze ständig »putzt«. Das heißt, ein Bambus wirft ständig Blätter bzw. Halmscheiden ab, mal mehr, mal weniger. Diese Blätter sind aber schnell beseitigt, und diese kleine Arbeit wiegt leicht gegenüber der Freude an einer dekorativen Pflanze im Zimmer.

Die Helligkeit in einem Zimmer ist nicht mit der Lichtstärke im Freien zu vergleichen. Selbst eine Pflanze, die im Freien gerne im Halbschatten steht, braucht im Zimmer viel Licht. Um das zu verstehen, sollte jeder »Zimmergärtner« einmal mit dem Belichtungsmesser eines Fotoapparates die Lichtwerte draußen, direkt am Fenster und in wachsendem Abstand vom Fenster messen. Er wird verblüfft sein. Die Pflanzen, die ja auf Licht angewiesen sind, weil Licht ihnen ermöglicht, Nährstoffe in Pflanzensubstanz umzuwandeln, reagieren auf diese für das menschliche Auge kaum wahrnehmbaren Unterschiede sehr empfindlich, ganz besonders Bambus. Darum muß Bambus an die hellste Stelle im Zimmer gestellt werden. Bambus mag sogar die sonnigen Südfenster, seine Blätter verbrennen nicht. Lediglich wenn man einen ausgesprochen schattenliebenden Bambus im Zimmer hält, sollte man ihn an ein West- oder Ostfenster stellen. Wenn eine Bambuspflanze direkt am Fenster steht, wird sie ihre Blätter aus Lichthunger fest an die Fensterscheibe anlegen – und damit geht natürlich die Schönheit der Pflanze verloren.

Tropischer Bambus für Wintergarten und Gewächshaus

Wintergärten und Glasveranden werden immer beliebter – und das aus gutem Grund. Viele Menschen würden ja gerne das ganze Jahr über im Grünen leben. Doch unser Klima ist leider nicht danach, das zu ermöglichen. In einem Wintergarten kann man zumindest den Sommer um Monate verlängern, vor allem dann, wenn er als Garten genutzt werden kann, wenn viele Pflanzen darin wachsen. Wenn man aufmerksam durch die Städte geht, wird man feststellen, daß immer mehr Balkone zu Wintergärten umgebaut werden, daß ganze Fassaden aus Glas an Häuser angebaut werden. Hauptgrund für diese Glasanbauten ist natürlich, mit ihnen Heizkosten einzusparen. Durch die Sonneneinstrahlung wird das Glashaus aufgeheizt. Wenn man die Türen zu den Wohnräumen öffnet, heizen sich die Zimmer selbst an kalten Wintertagen kostenlos auf. Oft sind in Wintergärten die Fußböden oder die Rückwand so konstruiert, daß sie die Wärme speichern und langsam wieder abgeben können. Im Sommer allerdings, wenn es draußen heiß ist, aber auch an sonnigen Wintertagen, können in einem Wintergarten unerträglich hohe Temperaturen entstehen. Ein weiteres Problem ist die Schwitzwasserbildung. Deshalb muß ein Wintergarten eine ausreichende Querbelüftung und eine Entlüftung nach oben haben. Ein Wintergarten sollte außerdem eine Schattierung haben. Wenn man also die Möglichkeit hat, tropisches Klima zu erzeugen, hat man auch die Möglichkeit, darin tropischen Bambus zu halten. Tropischer Bambus verlangt allerdings nicht nur Wärme, sondern auch erhöhte Luftfeuchtigkeit, auch in den bei uns häufig lufttrockenen Sommermonaten. Ein Wasserbecken im Wintergarten befeuchtet die Luft ausreichend, andernfalls muß gesprüht werden.

Tropischer Bambus muß auch im Winter in temperierten Räumen stehen. Man kann ihn ohne weiteres im Wintergarten lassen, wenn man mit einem Heizlüfter dafür sorgt, daß die Raumtemperatur nicht unter 10 °C absinkt. Es gibt spezielle Heizlüfter für Gewächshäuser, aber je nach Raumgröße genügt möglicherweise ein Gerät mit einfacher Thermostatregelung.

Die Tatsache, daß Bambus in hellen, verglasten Innenräumen gut gedeiht, macht man sich zunehmend in öffentlichen Gebäuden zunutze. In den USA gedeihen in den hellen, riesigen Eingangshallen und Foyers von Industriekonzernen ganze Bambushaine. Auch in Deutschland sieht man zunehmend in Eingangshallen und Lichthöfen von Ämtern, Firmen und sogar Hotels große Bambuspflanzen. Ein Musterbeispiel ist der »Glaselefant«, ein umgebautes altes Zechengebäude in Hamm. Das alte Fabrikgebäude wurde anläßlich einer Landesgartenschau mit einem gläsernen Umbau versehen und im Innern mit verschiedenen Bambus-Arten bepflanzt.

Bambus als Bonsai

In Japan und China hat die Kunst, Bonsais, das heißt Miniaturpflanzen und Miniaturgärten, zu gestalten, eine lange Tradition. Daß auch Bambus zu dieser Bonsai-Kultur gehört, ist nur natürlich. Bambus gehört zum alltäglichen Leben des asiatischen Menschen und bietet sich zudem in seiner eleganten Form geradezu für Bonsai an.

Man kann versuchen, selbst einen Bambus-Bonsai zu ziehen, auch wenn es nicht ganz einfach ist. Es gehört viel Fingerspitzengefühl und auch ein gewisses Gefühl für das Wuchsverhalten der Pflanze dazu. Doch der Versuch lohnt sich schon ganz einfach deshalb, weil man nicht, wie bei einem Baum-Bonsai, jahrelang auf einen Erfolg warten muß.

Bonsai aus kleinwüchsigen Bambus-Arten

Es gibt verschiedene Möglichkeiten, einen Bambus-Bonsai zu ziehen. Die einfachste Methode ist die, eine Pflanze von einer kleinwüchsigen Bambus-Art, wie es sie etwa bei der Gattung *Pleioblastus* gibt, bei reduzierter Düngung und reduziertem Wasser in eine flache Bonsai-Schale zu setzen und jeweils die zweijährigen Halme abzuschneiden. Das niedrige Pflanzgefäß enthält naturgemäß so wenig Substrat, daß die Rhizome sich nicht zur vollen Größe entwickeln können, und aus kleinen Rhizomen mit wenigen Reserveeinlagen bilden sich nur kleine Halme.

Man muß allerdings die Wassergaben so bemessen, daß der Bambus-Bonsai weder vertrocknet noch ertrinkt. Eine einmalige Düngergabe während des Austriebs der neuen Halme genügt für den Bonsai. Wenn man eine niedrige Bambus-Art wählt,

Ein Bonsai, gestaltet aus *Pleioblastus chino* var. *gracilis*

bleibt das Höhenwachstum durch die knappe Ernährung noch geringer. Man kann also auf diese Art und Weise einen etwa 20 cm hohen Bonsai heranziehen.

Interessanter ist es allerdings, Bambus-Arten als Bonsai zu ziehen, die ungewöhnliche Halmformen, farbige Nodien, verdickte Internodien oder exklusive Halmfarben haben. Z. B. *Bambusa tuldoides* var. *ventricosa* (Buddhas Bauch), dessen Internodien bei reduzierter Nahrung sich verdicken, *Phyllostachys aurea* mit schrägstehenden Nodien, *Chimonobambusa* *quadrangularis* mit den quadratischen Halmen. Besonders attraktiv als Bonsai sind auch *Bambusa vulgaris* 'Vittata' und *Phyllostachys bambusoides* 'Castilloni', beide mit grünen Streifen im gelben Halm; oder etwa *Chimonobambusa marmorea* mit rotem Halm und auffällig gemusterten Halmscheiden und *C. m.* 'Variegata' mit weißgestreiftem Laub. In China schätzt man für die Bonsai-Kultur besonders Bambus-Arten mit weiß bemehlten Halmen. Als unproblematisch für Bonsai-Kultur gelten auch *Pseudosasa japonica*, *Bambusa glaucescens* und deren verschiedene

Formen und *Phyllostachys humilis*. In Deutschland wurden allerdings noch kaum Erfahrungen mit Bambus-Bonsai gemacht, dazu war bisher das Angebot an Bambus-Gattungen und -Arten nicht groß genug. Das hat sich inzwischen geändert. Bonsai-Liebhaber können unter sehr vielen Bambus-Arten wählen und sich die geeigneten aussuchen.

Bonsai durch Schnitt der Halme

In Asien kennt man subtilere Methoden, um aus einem »normalen« Bambus einen »Zwerg« zu machen.

Bei sympodialem, also horstenden Bambus mit pachymorphem Rhizom schneidet man kurz vor dem Wachstum der Rhizome alle Halme einer Jungpflanze ab. Das ist im Frühsommer, wenn die Halme mit Zweigen und Blättern ausgewachsen sind. Das Rhizom wird in eine flache Schale mit ausreichendem Durchmesser in mit Sand gemischte Erde gepflanzt. Die Halme, die sich im nächsten Jahr bilden, bleiben erheblich kleiner als normal, weil das Rhizom durch das Fehlen der letztjährigen Halme keine Reserven einlagern konnte. Macht man das im zweiten Jahr noch einmal, werden die Halme noch kürzer – entsprechend kleiner sind natürlich auch die Zweige und die Blätter.

Um aus einem monopodialen, einem ausläuferbildenden Bambus einen Bonsai heranzuziehen, gräbt man ein Rhizom von etwa 30 cm Länge aus, wie beim Vermehren (Seite 101) und steckt es entweder senkrecht in einen mit Sand und Erde gefüllten Topf oder noch besser in einem Bogen. Das gebogene mittlere Stück des Rhizoms, das natürlich Augen haben muß, kommt etwa 6 cm tief in die Erde, die beiden Enden bleiben oberirdisch. Die Knospen unter der Erde treiben kleine Halme, die Rhizomenden bilden sich ebenfalls zu kleinen Halmen mit Zweigen und Blättern aus.

Bonsai durch Abschälen des Halmes

Der japanische Bambus-Meister Koichiro Ueda empfiehlt zur Verfeinerung der Bonsai-Kunst am Bambus noch folgende Methode (die allerdings einiges Feingefühl voraussetzt): Wenn bei einer Topfpflanze die jungen Sprosse auf etwa 8 cm aus dem Boden gekommen sind, werden die Halmscheiden abgeschält. Und das nach und nach entsprechend dem Wachstum des Halmes von unten nach oben.

Diese Halmscheiden enthalten Wachstumshormone (Seite 37), werden sie entfernt, stellt sich das Wachstum des Internodiums sofort ein.

Das Abschälen ist schwierig. Mit der bloßen Hand gelingt es nicht, man würde den weichen Halm zerstören. Wenn man aber eine feine, spitze Schere verwendet, die man zwischen Halm und Halmscheide schiebt, kann es gelingen. Die Halmscheide wird dabei von der Spitze bis zum Knoten in feinste Streifen geschnitten und ganz behutsam entfernt, denn die Knospe, die unter der Halmscheide sitzt, darf auf keinen Fall zerstört werden; aus ihr bilden sich die Zweige und Blätter. Man beginnt mit dem Abschälen der Halmscheiden beim untersten Internodium. Sein Wachstum wird eingestellt, aber es schiebt sich bereits das nächste heraus. Man wird nun das Längenwachstum des zweiten Internodiums beobachten und es rechtzeitig wiederum abschälen. Das kann Stunden, das kann aber auch einen Tag dauern. Dies wird wiederholt, bis der ganze Halm behandelt ist. Da Bambus auch in der Nacht wächst, empfiehlt Ueda, die Pflanze auch in der Nacht zu beobachten und gegebenenfalls zu behandeln. Die Bambushalme, die unter den abgeschälten Halmscheiden zum Vorschein kommen, sind sehr zart und weich und müssen so lange vor direkter Sonneneinstrahlung geschützt werden, bis sie fest sind und sich Zweige und Blätter gebildet haben. Im Frühsommer und im frühen Herbst gibt man dem so geschaffenen Bonsai reichlich Dünger, damit er sich kräftig einfärbt. Auch mit Wasser darf man am Anfang nicht sparen. Im Herbst kommt dann die Pflanze in eine schöne Bonsai-Schale. Dabei werden die Rhizome gekürzt. Wenn die Ausgangspflanze so groß ist, daß sich mehrere Halme bilden, erhält man in absehbarer Zeit einen Bambus-Hain en miniature.

Man wird an einem Bambus-Bonsai natürlich im Zimmer am meisten Freude haben, weil man ihn hier am dekorativsten aufstellen und beobachten kann. Dennoch sollte man auch dem Mini-Bambus längere Aufenthalte im Freien gönnen, vor allem dann, wenn es sich um einen winterharten Bambus handelt, der den Wechsel der Jahreszeiten mit ihren unterschiedlichen Temperaturen und der Winterruhe benötigt.

Bambus als Werkstoff

Bambushalme, die beim Auslichten von Hecken, Hainen oder Solitärpflanzen anfallen, sind viel zu schade, um sie einfach wegzuwerfen. Die stabilen Stäbe können für allerlei Bastelarbeiten verwendet werden, wenn auch natürlich nicht so vielseitig, wie man Bambusrohre in ihrer ursprünglichen Heimat verwendet. Dort sind die Halme sehr viel dicker. Aber auch mit den dünnen Stäben, die im Garten anfallen, kann man allerlei anfangen, wenn man nur genügend Phantasie und ein bißchen handwerkliches Geschick hat.

Ein einzelner Stab – das ist die einfachste Verwendungsmöglichkeit. Man kann daran eine aufrankende Zimmerpflanze anbinden, man kann, wenn er stark und lang genug ist, daran auch einen Wandbehang mit Schlaufen aufhängen.

Mehrere Stäbe, mit Schnüren gitterförmig zusammengebunden, kann man als Spalier an einer Wand befestigen und daran Rosen und andere Kletterpflanzen emporranken lassen. Dabei muß man darauf achten, daß das Bambusgitter nicht direkt an der Wand anliegt, sondern mit einem Abstandhalter etwa 1 bis 2 cm von der Wand weggehalten wird, damit die Kletterpflanzen auch richtig schlingen können. Die Haken, mit denen man das Gitter befestigt, müssen in die Wand eingedübelt werden, denn die Last von Kletterpflanzen wird mit der Zeit ziemlich groß. Die Bambusstangen halten aber viel aus. Ein beranktes Bambusgitter kann auch eine Abtrennung von einem Balkon zum anderen sein oder als Windschutz auf einer Seite des Balkons dienen, wenn man es mit Wildem Wein, Knöterich oder einfach mit Stangenbohnen bewachsen läßt. Die senkrechten Stäbe werden dazu in eine Leiste gesteckt, in die man passende Löcher bohrt. Auch der obere Abschluß der Gitterstäbe ist eine solche Holzleiste, die man entweder am Balkon darüber oder an einem stabilen Metallgerüst fest verankert. Zwischen diese Stäbe kann man nun die Querstäbe aus Bambus flechten, die allerdings frisch geschnitten sein müssen, weil sie dann am biegsamsten sind.

Bambus eignet sich auch sehr gut für Zäune, allerdings wird man in unseren Breiten keine so dikken Bambusrohre ernten können, um wirklich stabile Zäune damit bauen zu können. Aber für kleinere Abtrennungen sind auch die dünneren Bambusstäbe durchaus geeignet, vor allem etwa für eine Einzäunung, die mehr optischen Charakter hat. Dafür steckt man entweder dünne Bambusstäbe bogenförmig in die Erde und bindet sie an den Kreuzungsstellen zusammen, oder man baut einen niedrigen Zaun in der Art der bekannten »Jägerzäune«. Kleinere Hunde oder Geflügel zum Beispiel kann man mit einem solchen Zaun ganz gut von Gemüse- und Blumenbeeten fernhalten.

Eine Reihe sehr hoher Pflanzen, etwa Sonnenblumen oder Himbeeren, kann man mit Bambus vor dem Umkippen bewahren. Man schlägt im Abstand von etwa einem Meter stabile Holzpfähle in die Erde und verbindet diese waagrecht mit mehreren Bambusstäben. Die Verbindung zwischen Holzpfählen und Bambushalmen wird nicht mit Nägeln oder Schrauben hergestellt, sondern mit Schnüren – möglichst aus unverrottbarem Material. An die Längsstäbe kann man nun die Himbeer-Ruten oder die großen Blumen anbinden. Das sieht besser aus als Draht und ist auch stabiler.

Doch nicht nur für den Garten kann man Bambusstäbe vielseitig verwenden. Ein Türvorhang aus Bambus und Perlen ist ein Schmuckstück und hält die Fliegen ab. Dafür werden die einzelnen Internodien vor und hinter den Knoten mit einer Metallsäge abgesägt. Läßt man die Knoten daran, muß man diese durchbohren und das macht viel Arbeit. Nun werden ganz nach Geschmack und Phantasie abwechselnd Bambus-Segmente und Holz- oder Glasperlen auf stabile Nylonschnüre gefädelt. Oben verknotet man sie in einer durchbohrten Holzleiste, die man unter die Türöffnung hängt. Anhand einer Zeichnung kann man in einen solchen Vorhang hübsche Muster fädeln, indem man die Anzahl der Perlen und der Bambussegmente variiert.

Wasserspiele mit Bambusrohren

Wem ein Bambusvorhang eine zu aufwendige Arbeit ist, kann ein kleines Bambus-Mobile für das Fenster oder in eine Türöffnung basteln. Dabei werden an einen Bambusstab mit Nylonschnur verschieden lange Bambussegmente gehängt, die im Luftzug melodisch klappern.

Da man Bambus unter Einwirkung von Hitze problemlos biegen kann, bietet sich das Material auch für originelle Aufhänger für Handtücher im Bad oder in der Küche an. Dafür biegt man über einer Flamme einen Bambusstab zum Kreis, so daß ein größerer Ring entsteht. Die Enden kann man entweder mit einer bunten Kordel verbinden oder das dünnere Segment des einen Endes in das dickere des anderen Endes stecken und beide mit Holzleim verbinden. In diesen Ring, den man an einer Kordel aufhängt, hängt man Handtücher ein. Eine andere Möglichkeit, einen Handtuchhalter herzustellen ist die, zwischen zwei bunt lackierte Holzleisten zwei oder drei Bambusstäbe zu leimen, an die man Handtücher, Trockentücher und andere Dinge hängen kann.

Dies sollen nur Anregungen sein, was man mit den stabilen und zugleich biegsamen Bambusstäben alles anfangen kann. Der eigenen Phantasie sind dabei keine Grenzen gesetzt. Geschickte Bastler können mit Sicherheit sogar Vogelhäuschen aus Bambusrohren bauen, Panflöten oder Jalousien aus dünnen Bambusstäben.

Dabei muß man allerdings wissen, daß man Bambus etwas anders behandeln muß als Holz.

Bohren

Wenn in einen Bambusstab ein Loch gebohrt werden muß – etwa um ein Band hindurchzuziehen oder eine Schraube durchzustecken, muß man immer von außen nach innen bohren. Zum Bohren eignen sich Holzbohrer weniger, mit einem Metallbohrer oder einem Bohrer für Steinbearbeitung splittert der Bambus nicht. Am praktischsten allerdings ist das Brenn-Bohren mit einem glühenden Spitzbohrer. Dabei kann man in einer Linie durch den Halm hindurchbohren, das Loch franst nicht aus und jeder beliebige Durchmesser kann genau gearbeitet werden.

Sägen

Mit einer Holzsäge sind bei einem Bambusstab, vor allem bei einem dünnen, keine glatten Schnittkanten zu bekommen. Hier eignet sich eine feine Metallsäge am besten, oder wenn man die nicht hat, ein sehr scharfes Messer.

Spalten

Für manche Bastelarbeiten braucht man nicht den ganzen runden Bambusstab, sondern nur Bambusspäne, das heißt gespaltenen Bambus. Kurze Abschnitte kann man mit einem Messer spalten, das man mit einem Holzhammer durch den Bambus treibt. Will man einen ganzen Halm spalten, fährt man besser, wenn man das Messer aufrecht in einen Schraubstock stellt und dann den Halm mit sanften Hammerschlägen gegen das Messer treibt. Wer

Spalten von dickem Bambusrohr

Gespaltene, gebogene Bambushalme als Wegbegrenzung

noch ein altes Bügeleisen besitzt, das nicht mehr zum Bügeln benützt wird, kann bei höchster Hitze die gespaltenen Bambushalme flach bügeln. Man muß dabei den gespaltenen Halm auf eine glatte, feuerfeste Unterlage legen und das Eisen sehr stark aufdrücken.

Biegen

Bambus kann kalt und heiß gebogen werden. Dünne Rohre lassen sich, wenn sie frisch geschnitten sind, über eine Kante zu einem recht kleinen Radius biegen. Wenn man den gebogenen Halm – ob zum Kreis oder zum Bogen – einige Tage lang in der vorgesehenen Form festhält, mit Draht oder mit Schraubzwingen, behält der getrocknete Halm diese Form.

Schmale Bambusspäne kann man ohne Hilfsmittel zu kleinen Ringen biegen. Wenn sie am Ende vernäht werden, kann man hübsche Ketten für Vorhänge oder Ampeln daraus herstellen.

Wenn dickere Bambushalme gebogen werden sollen, empfiehlt sich das Warm-Biegen. Bambus wird bei 150 °C weich und verformbar. Über einer Gasflamme oder Holzkohleglut kann man so Bambushalme in alle gewünschten Formen biegen.

Verformen

Die Methode aus runden Bambushalmen viereckige zu machen, wird in Asien oft praktiziert – ist aber bei dünnen Halmen nur eine Spielerei: Man setzt über die Sprosse eine viereckige Schalung, so daß sich der Halm praktisch wie durch einen Kamin durchzwängen muß. Seine Form wird dabei anstatt rund viereckig, weil der weiche Halm sich verformt. Wenn der Halm oben aus der Schalung herauswächst, bleibt die viereckige Form erhalten.

Oberflächenbearbeitung

Bambushalme sehen auch ohne weitere Bearbeitung immer gut aus, vor allem die gestreiften oder gefleckten Sorten. Noch schöner werden sie, wenn man sie mit heißem Pflanzenwachs einreibt und dann mit einem Tuch poliert.

Wer mit der natürlichen Farbe der Bambushalme nicht zufrieden ist, kann die Rohre auch beizen oder bemalen. Eisenvitriol färbt Bambus zum Beispiel schwarz, Salpetersäure braun, Kupfervitriol intensiv grün. Durch Anflammen über offenem Feuer werden die Halme braun gefleckt.

Streichen

Bemalen kann man Bambusrohre auch, allerdings muß die glatte Oberfläche mit Sandpapier feinster Körnung aufgerauht werden, damit die Farbe hält. Am besten bemalt man Bambus mit bunten Tuschen, wenn die bemalten Gegenstände im Haus bleiben. Bambus, der draußen verwendet wird, muß man mit einem wasserfesten Lack streichen.

Wenn der Bambus nicht gedeiht

Bambus ist nicht anfällig für Krankheiten und kaum für Schädlinge. Trotzdem kommt es hin und wieder vor, daß der Bambus nicht gedeiht. In neunzig von hundert Fällen sind dies Haltungsfehler – in den restlichen zehn Fällen hat man eine Pflanze gekauft, die nicht in Ordnung war (s. Seite 88).

Was also kann beim Bambus schiefgehen?

Wenn keine Neutriebe kommen

Wenn zwei Jahre nach dem Umpflanzen keine Neutriebe mehr kommen, ist das Rhizom erschöpft oder beim Umpflanzen verletzt worden. Dieser Bambus wird sich nicht mehr erholen.

Wenn der Bambus die Blätter hängen läßt

Die Harmonie von Blatt- und Rhizommasse ist gestört. Die Reserven des Rhizoms reichen nicht mehr aus, um den oberirdischen Teil der Pflanze zu ernähren. Man nimmt in einem solchen Fall vier Fünftel aller Halme heraus und läßt nur die vitalsten Triebe stehen. Die Pflanze erholt sich.

Wenn die Halme weich werden und faulen

Wenn die Halme nach Beendigung des Längenwachstums weich werden und abfaulen, ist ebenfalls die Versorgung der Pflanze gestört.

Das sieht man öfter bei älteren *Fargesia*. Der Grund ist derselbe, wie wenn der Bambus die Blätter hängen läßt. Auch hier: Alle faulen Halme und einen Großteil aller älteren Halme herausschneiden.

Wenn der Bambus die Blätter einrollt

Die Pflanze braucht Wasser oder steht zu sonnig. Das Einrollen der Blätter ist eine Schutzmaßnahme der Pflanze gegen die Verdunstung. Sobald die Pflanze gründlich gewässert wurde, entrollen sich die Blätter wieder.

Wenn die Pflanze nicht wächst

Wenn sich die Pflanze nicht entwickelt, sondern stagniert oder gar zurückgeht, behagt dem Bambus vermutlich der Standort nicht. Meist steht er in diesen Fällen auf undurchlässigem Boden, der das Wasser nicht abfließen läßt. Da gibt es nur eines: Die Pflanze ausgraben und das Pflanzloch neu und sehr tief ausgraben und eine Dränageschicht einbauen (s. Seite 90) oder den Bambus an einen anderen Platz versetzen.

Wenn die jungen Triebe schwach sind

Wenn die jungen Triebe zu schwach und womöglich zickzack wachsen, ist ebenfalls der Standort ungünstig. Möglich ist auch, daß der Winter für einen neu gepflanzten Bambus zu kalt war. Man läßt die schwachen Triebe stehen und wartet ab, ob sich im nächsten Jahr wieder stattliche Halme bilden, erst dann schneidet man die Zickzacktriebe heraus. Wiederholt sich aber der Vorgang auch im folgenden Jahr, braucht die Pflanze einen neuen Standort.

Wenn Wühlmäuse die Sprosse abfressen

Man wendet Bekämpfungsmittel gegen Wühlmäuse an wie im übrigen Garten: Abschrecken durch Lärm, Verstopfen der Löcher mit schlecht riechenden Pflanzen oder alten Fischköpfen, Vergasen. Feldmäuse machen sich übrigens gern über die Sprosse her, die bereits aus der Erde gekommen sind. Das beste Gegenmittel ist eine Katze.

Wenn Bambus im Kübel nicht gedeiht

Meist steht der Bambus zu trocken oder zu naß. Man sollte nachschauen, ob die Erde im Topf oder Kübel nicht durch zu kalkhaltiges Wasser verdichtet ist. Dann wird Umtopfen dringend notwendig. Dabei dürfen aber die Wurzeln auf keinen Fall austrocknen, denn wenn das geschieht, kann die Pflanze kein Wasser mehr aufnehmen und verliert das Laub.

Wenn Bambus von Schädlingen befallen wird

Wenn Bambus im Zimmer oder im Wintergarten zu trocken steht, vor allem bei zu trockener Luft, kann er von Spinnmilben (Rote Spinne) oder von Woll- und Schildläusen befallen werden. Man bekämpft die Schädlinge mit den Mitteln, die auch für andere Zimmerpflanzen geeignet sind. Die Rote Spinne siedelt sich besonders gern an, wenn der Standort nicht nur zu trocken, sondern auch zu warm ist. Vor allem in Zentralheizungsluft verbreitet sie sich schnell. Man kann die Rote Spinne (Gemeine Spinnmilbe) mit bloßem Auge schwer erkennen, aber man sieht die Schäden an der Pflanze: Die Blätter bekommen, da die Spinnmilbe sie aussaugt, ein fahles Aussehen, schließlich vergilben und vertrocknen sie. Spinnmilben bekämpft man mit speziellen Bekämpfungsmitteln (Akariziden). Die Behandlung muß dreimal nacheinander im Abstand von zehn Tagen erfolgen. Die Bekämpfungsmittel helfen nämlich nur gegen die Larven und die erwachsenen Tiere, nicht aber gegen die Eier. Wird nicht regelmäßig im vorgeschriebenen Abstand gesprüht, haben die inzwischen ausgeschlüpften Spinnmilben wiederum Eier abgelegt und der Kreislauf beginnt von neuem. Vor allem muß man aber die Mittel wechseln, da sonst resistente Stämme auftreten.

Schildläuse, Schmier- und Wolläuse können Bambus nur im Wintergarten oder im Zimmer befallen. Bei den Schmier- und Wolläusen findet man an der Blattunterseite und auch an den Blattachseln kleine watteähnliche Gebilde. Schildläuse erkennt man oft erst, wenn die an der Blattunterseite unter einem festen Schild sitzende Kerfe das Blatt angesaugt hat – es bekommt dann kleine Flecken. Noch auffälliger allerdings ist, daß die Blätter mehr und mehr mit einer glänzenden, wachsartigen, klebrigen Schicht überzogen werden, dem sogenannten Honigtau. Diese Schicht nimmt dem Blatt die Möglichkeit zu assimilieren. Ist die Pflanze stark befallen, kann sie eingehen. Woll- und Schmierläuse sowie Schildläuse sind nicht einfach zu bekämpfen. Man achte also darauf, daß man einen Befall rechtzeitig entdeckt. Im Anfangsstadium kann man mit einer Schmierseifen-Spiritus-Lösung versuchen, der Schädlinge Herr zu werden. Ist die Pflanze schon stark befallen, muß man ein Bekämpfungsmittel auf der Basis von Proxopur oder Pyretrum anwenden. Es ist wichtig, daß alle Teile der Pflanze gut mit dem Mittel, das in Wasser aufgelöst wird, befeuchtet werden. Die Behandlung ist jedoch nur wirksam, wenn sie dreimal im Abstand von jeweils sieben Tagen durchgeführt wird.

Bambus als Gemüse

In allen asiatischen Ländern spielt Bambus in der Küche eine große Rolle. Gegessen werden die Bambus-Sprosse, die einen sehr zarten und doch neutralen Geschmack haben. So passen sie praktisch zu allen anderen Gemüse-Sorten und zu Fleisch, Fisch und Muscheln und sie nehmen den Geschmack der Gewürze an, mit denen sie zubereitet werden. Bei uns kennt man Bambussprosse lediglich aus der Dose, aber der Geschmack ist überhaupt nicht vergleichbar mit frischen Bambussprossen – man kann das in etwa mit frischem Spargel und dem Spargel aus der Dose vergleichen. In Asien werden auf den Märkten Bambussprosse angeboten, die bereits vorgekocht sind und im Wasser liegen. Das hat einen guten Grund: Bambussprosse trocknen sehr schnell aus und verlieren dabei den Geschmack. Man muß sie also ganz frisch zubereiten, wenn man wirklich in den Genuß des ausgezeichneten Gemüses kommen will, das zudem auch noch sehr gesund ist – wie alle Keime und Sprosse.

Natürlich wird man bei uns Bambussprosse nicht wie in Asien ernten können – armdick. Aber von den bei uns in den Gärten wachsenden *Phyllostachys* kann man durchaus einmal im Frühling ein Bambusgericht zubereiten, wenn man unerwünschte Ausläufer ausgräbt und die Sprosse abschneidet. Man sollte das in den Morgenstunden tun, denn die Bambussprosse schmecken besser, wenn sich die Erde noch nicht zu sehr erwärmt hat.

In Japan und China werden früh im Winter bereits die Sprosse des Moso *(Phyllostachys heterocycla* var. *pubescens)* und des »Frühlingsregenbambus« *(Phyllostachys nidularia)* geerntet. Diese – in der Küche »Winterbambus« genannten – früh geernteten Sprosse gelten als besondere feinschmeckerische Rarität und sind entsprechend teuer. Die Bodenbeschaffenheit spielt übrigens für den Geschmack der Sprosse eine große Rolle – man kann das mit dem Wein vergleichen, bei dem auch ein und dieselbe Sorte auf verschiedenen Böden anders schmeckt.

Essen kann man im Grunde die Sprosse aller Bambus-Arten, am besten aber schmecken die von *Arundinaria hindsii, Phyllostachys viridis, P. nigra* 'Henonis' und *P. heterocycla. Sasa kurilensis* wird in Frankreich mancherorts direkt im Gemüsegarten angepflanzt. Die Sprosse dieses Bambus können ohne Vorkochen direkt gegrillt oder gebraten werden. Bevor man alle anderen Bambussprosse zubereitet, müssen sie gekocht und das Kochwasser abgegossen werden. In asiatischen Kochbüchern ist immer die Rede von einer Stunde Kochzeit oder sogar noch länger. Das stimmt nur für die ganz dicken Bambussprosse. Was man aber bei uns ernten kann, nämlich die spargeldünnen Sprosse, braucht keine so lange Kochzeit. Man gibt die frisch geernteten Sprosse mitsamt den sie umhüllenden Blättern in einen Topf mit etwas Zucker und kocht sie etwa 20 bis 30 Minuten. Nach dem Kochen läßt man die Sprosse noch etwa 10 Minuten im Kochwasser liegen. Erst dann werden die Halmscheidenblätter abgezogen. Man sollte, wenn man noch nicht oft Bambussprosse zubereitet hat, nun versuchen, ob die Sprosse nicht mehr bitter sind. Sind sie noch etwas bitter, kocht man sie nochmals in neuem Wasser kurz auf. Für viele Gerichte werden die gekochten Bambussprosse schräg in nicht zu dünne Scheiben geschnitten, für andere wiederum läßt man sie, wie sie sind.

Rezepte

Mit einigen wenigen Rezepten, die sich auch mit Zutaten zubereiten lassen, die man in großen Kaufhäusern in der »Fernöstlichen Abteilung« bekommen kann, wollen wir hier den Gartenfreunden an die Hand gehen, die Bambus nicht nur gerne anschauen, sondern ihn auch einmal in der Küche versuchen wollen.

Heißer Gemüsesalat

100 g Bohnensprosse, 100 g Bambussprosse, 50 g kleine Mohrrüben, 100 g Staudensellerie, 4 getrocknete Tongu-Pilze, ersatzweise Champignons, 1 grüne Paprikaschote, 4 Eßlöffel Pflanzenöl je 1 Eßlöffel Sesamöl, Sojasauce, Essig und je 1 Teelöffel Salz und Glutamat.

Die Tongu-Pilze, die es in guten Feinkostgeschäften zu kaufen gibt, werden eine Stunde in warmem Wasser eingeweicht. Bohnensprosse kann man frisch oder in der Dose kaufen oder selbst keimen lassen.

Die Möhren, die Paprikaschote, Staudensellerie und Bambussprosse werden in feine Streifen geschnitten.

Möhren, Paprika und Bohnensprosse werden in zwei Eßlöffeln Pflanzenöl in einer Eisenpfanne bei höchster Stufe zwei Minuten lang »pfannengerührt«. Das heißt, man rührt das Gemüse im rauchheißen Öl ständig um. In einer zweiten Pfanne brät man bei mittlerer Hitze Sellerie und die Bambussprosse zusammen mit den Pilzen und dem Salz etwa drei Minuten unter ständigem Umrühren. Danach wird der Inhalt beider Pfannen zusammen gegeben und mit etwas Fleischbrühe, Sesamöl, der Sojasauce, dem Essig und dem Glutamat gewürzt und noch einmal zwei Minuten bei stärkster Hitze gründlich umgerührt. Diesen heißen Gemüsesalat kann man auch kalt genießen.

Kalter Gemüsesalat

100 g Bambussprosse, 100 g gelbe Wirsingblättchen, 100 g Blattsalat, 3 junge Möhren, 3 Tomaten, 3 Frühlingszwiebeln oder Schalotten, 1 große Zwiebel, einige Radieschen, 2 Knoblauchzehen, 2 Scheiben Ingwerwurzel, je 2 Eßlöffel Sojasauce und Essig, einen halben Teelöffel Chili-Sauce, 3 Teelöffel Sesamöl, etwas Glutamat, gehackten Schnittlauch und gehacktes Grün von Koriander.

Wirsing, Möhren, Radieschen und Salat werden in feine Streifen geschnitten, die Bambussprosse gekocht und mit kaltem Wasser abgeschreckt, die Tomate in Achtel geschnitten. Die Frühlingszwiebeln werden in 2 cm lange Stücke geschnitten, wenn Schalotten verwendet werden, diese geschält und halbiert, die Zwiebel in Ringe geschnitten, die Knoblauchzehen mit Salz zerrieben. In einer Eisenpfanne wird Öl erhitzt und Zwiebeln, Ingwer und Knoblauch werden darin bei mittlerer Hitze unter dauerndem Rühren drei Minuten gebraten und dann auf einen Teller gegeben, wo das Öl schnell abkühlt.

Alle anderen Zutaten richtet man in einer großen Schüssel an, gibt die gebratenen, nun lauwarmen Zwiebeln dazu, ebenso das Sesamöl, Salz, Glutamat, Sojasauce, Essig und die Chili-Sauce. Gut mischen und zum Schluß mit Schnittlauch und Koriandergrün anrichten.

Doppelt gebratene Bambussprosse

500 g frische Bambussprosse, 75 g chinesische Pickles (es gibt sie unter der Bezeichnung »Rot im Schnee« in Asienläden zu kaufen), 5 Eßlöffel Pflanzenöl, je 2 Eßlöffel Sojasauce und Gemüsebrühe (Würfel), 1 Teelöffel braunen Zucker und Sherry, etwas Glutamat.

Für dieses Rezept müssen die Bambussprosse nicht vorgekocht werden.

Sie werden gewaschen und die Blätter abgeschält. Den weichen, inneren Teil schneidet man schräg in dünne Scheiben. Die chinesischen Pickles werden grob gehackt und mit heißem Wasser abgespült. 2 Eßlöffel Pflanzenöl erhitzt man in einer Pfanne und rührt darin die Pickles bei stärkster Hitze bis sie knusprig sind. Danach werden sie in ein Sieb gegeben, damit das Öl abläuft. Die Bambussprosse werden in dem restlichen Öl bei mittlerer Hitze gebraten, bis sie von einem Ölfilm umgeben sind. Man muß beim Rühren aufpassen, daß die zarten Scheiben nicht zerstört werden. Nach fünf Minuten sind die Bambussprosse goldbraun und werden ebenfalls in ein Sieb gegeben, damit das Öl abtropfen kann.

Nun werden die Pickles wieder in die Pfanne zurückgegeben, die Bambussprosse dazu und mit Zucker, Sherry, Sojasauce, Glutamat und Gemüsebrühe vermischt.

Alles zusammen wird bei stärkster Hitze eine Minute lang gerührt und dann sofort heiß serviert.

Übergossene Bambussprosse

250 g Bambussprosse, 25 g Schnittlauch, Fritieröl, Salz, 2 Teelöffel Sesamöl.

In Asien nimmt man sich viel Zeit fürs Kochen, zeitaufwendige Rezepte sind keine Seltenheit. Wichtig ist der pikante Geschmack und ebenso wichtig das schöne Aussehen der fertigen Speise. Dies ist ein Beispiel.

Die gekochten und geschälten in lange Stifte geschnittenen Bambussprosse werden in einer dünnen Schicht in einen Drahtkorb gelegt. Darauf legt man den mit der Schere in gleiche Länge geschnittenen Schnittlauch. Beide sollten in derselben Längsrichtung liegen. Der Korb wird nun über eine mit siedendem Öl gefüllte Pfanne gehängt und mit einem Schöpflöffel das heiße Öl langsam über Sprosse und Schnittlauch gegossen. Wenn das Öl in die Pfanne abgetropft ist, wird der Vorgang wiederholt, bis zu zwanzigmal. Dann gibt man die Sprosse mit dem Schnittlauch in eine Schale, überstreut sie mit Salz und gibt das Sesamöl daran. Dabei achtet man darauf, daß die Sprosse und der Schnittlauch wie im Korb in einer Richtung liegen, damit der Farbkontrast Weiß-Grün gut zur Geltung kommt. Das Gericht wird ganz heiß serviert – als Beilage zu Fleisch und Fischgerichten.

Bambussprosse nach Szechuan-Art

Einige getrocknete Tongu-Pilze, 500 g Bambussprosse, 75 g Bohnensprosse, 100 g Schweinebauch, 2 Frühlingszwiebeln oder Schalotten, 4 Eßlöffel Schweineschmalz, 3 Eßlöffel Sojasauce, je 1 Teelöffel Chilisauce und Zucker, 1 Eßlöffel Maisstärke, 250 ml Hühnerbrühe.

Die Bambussprosse werden gekocht, geschält und schräg in dünne Scheiben geschnitten. Das Schweinefleisch wird in sehr feine Streifen, die Frühlingszwiebel und die Bohnensprosse in ebenso kleine Stücke geschnitten.

Das Schweineschmalz wird in einer großen Pfanne erhitzt und die Bambussprosse vier Minuten darin sanft gerührt. Das Fett wird danach abgegossen und die Sprosse werden warm gestellt. Nun gibt man das Schweinefleisch in die Pfanne und brät es eine Minute lang auf höchster Stufe. Zwiebeln, Boh-

nensprosse und die eingeweichten Pilze werden zum gebratenen Fleisch gegeben und kräftig mehrmals umgerührt. Danach kommen die Bambussprosse wieder in die Pfanne und dazu Soja- und Chilisauce und der Zucker. Das Ganze muß nun drei Minuten sanft köcheln, in der Zeit rührt man die Maisstärke in der kalten Hühnerbrühe glatt und gibt sie an das Gericht. Nach drei Minuten weiterem leisem Köcheln ist das Gericht fertig.

Vietnamesisch: Bambussprosse mit Pilzen

250 g Bambussprosse, 12 getrocknete Tongu-Pilze oder andere Pilze, 2 Stangen Zwiebelgrün, 1 kleines Stück Ingwerwurzel, 1 große Zwiebel, 1 Bund Pfefferminz-Zweige, 1 Bund Koriandergrün, 2 Eßlöffel Öl, 1 Knoblauchzehe, 1 Teelöffel Chilisauce, 4 Eßlöffel Brühe und 6 Eßlöffel Nuc-mam-Sauce.

Die Bambussprosse werden gekocht, geschält und in dünne Streifen geschnitten. Die Pilze müssen mindestens 30 Minuten in warmem Wasser weichen und werden dann in Streifen geschnitten. Ingwerwurzel und Zwiebel werden ebenfalls in dünne Streifen geschnitten.

In einer Pfanne wird Öl stark erhitzt und die Zwiebelstreifen werden darin zusammen mit dem zerstoßenen Knoblauch und dem Salz leicht gebräunt. Nun kommen die Pilze hinzu, die man drei Minuten mitrührt. Danach wird mit der Brühe aufgegossen, Pfeffer, Chilisauce, Ingwer dazugeben, ebenso die Nuc-mam-Sauce. Alles zusammen wird nun noch einmal eine Minute lang kochend umgerührt.

Die Bambussprosse werden auf eine Platte gegeben und mit dem zerschnittenen Zwiebellauch, dem Koriandergrün und den ganzen Pfefferminzzweigen garniert. Die gekochte Sauce gibt man in ein Extraschüsselchen. Dazu wird gekochter Reis serviert. Die Pfefferminzblätter werden mitgegessen.

Chinesisch: Bambussprosse mit Pilzen

200 g Bambussprosse, 200 g Pilze, 1 Eßlöffel chinesische Morcheln, 1 Teelöffel Stärke, je 2 Eßlöffel Pflanzenöl und Sesamöl.

Für die Sauce: 5 Eßlöffel Hühnerbrühe, 1 Eßlöffel Sojasauce und Reiswein, je 1 Prise Zucker, Ingwer und Salz.

Die Bambussprosse werden gekocht, geschält und schräg in Scheiben geschnitten, die Morcheln eingeweicht. In einer Eisenpfanne werden Pilze und Bambussprosse in Öl eine Minute lang bei großer Hitze und unter ständigem Rühren gebraten. Die Saucenzutaten rührt man zusammen und gibt die Sauce dann an das Gemüse, das man zugedeckt zwei Minuten leise köcheln läßt. Danach wird das Gericht mit etwas Stärke gebunden, vom Herd genommen und mit Sesamöl beträufelt.

Bambussprosse mit Fischrogen

400 g Bambussprosse, 100 g Fischrogen (aus der Dose), 1 Eßlöffel Sojasauce, 3 Eßlöffel Reiswein, 1 Teelöffel Stärke, je eine Prise Salz und Zucker.

Die Bambussprosse werden gekocht, geschält und in Streifen geschnitten, der Fischrogen, falls er gesalzen ist, gut gewässert und etwa 10 Minuten mit Ingwerpulver angesetzt. In einer stark erhitzten Pfanne werden die Bambussprosse zwei Minuten gebraten und der Fischrogen eine halbe Minute mitgeröstet. Sojasauce und Reiswein werden dazugegeben, das Gericht mit der Stärke gebunden, gewürzt und angerichtet.

Bambussprosse mit Schweinefleisch

200 g Bambussprosse, 200 g mageres Schweinefleisch, 200 g frischer Spargel, 1 Eßlöffel feingehackte Schalotten, 1 Teelöffel feingehackter Ingwer, 1 Teelöffel Sesamöl, 1 Teelöffel Speisestärke, Salz, Pfeffer, Öl zum Braten.

Für die Sauce: Je 1 Eßlöffel Sojasauce und Reiswein oder Sherry, je 1 Teelöffel Essig, Zucker und Stärke.

Das Fleisch wird in feine Scheiben geschnitten, mit Sojasauce, Stärke und Sesamöl vermischt und 20 Minuten stehengelassen. Der Spargel wird geschält und 20 Minuten gekocht, die Bambussprosse werden gekocht und von den Blättern befreit. Bambus und Spargel werden in mundgerechte Stücke geschnitten. Das Kochwasser des Spargels wird mit den Saucenzutaten vermischt. In einer Eisenpfanne werden die Schalotten im Öl scharf angebraten, dann kommt das Fleisch dazu, das man zwei Minuten lang unter dauerndem Umrühren brät. Erst jetzt werden die Bambussprosse dazugegeben und wiederum eine Minute mitgebraten. Danach wird die Wärme reduziert und die Sauce in die Pfanne gegeben und kurz mitgekocht. Ganz zum Schluß kommen die Spargelstücke an das Gericht, das man noch mit Salz und Pfeffer würzt. Dasselbe Gericht kann man auch mit Scheiben aus Hühnerbrüstchen zubereiten.

Hühnerfleisch mit Bambussprossen

Für die Marinade: 1 Eiweiß, je 1 Teelöffel Maisstärke und Reiswein, Salz.

300 g Hühnerfleisch, 150 g Bambussprosse, 1 rote und 1 grüne Chilischote, je 1 Eßlöffel grüner Pfeffer, Reiswein und Pflanzenöl, Zucker, Salz, Öl zum Fritieren.

Hühnerfleisch wird in feine Streifen geschnitten und in einer Marinade aus 1 Eiweiß, 1 Teelöffel Maisstärke, 1 Teelöffel Reiswein und etwas Salz gewälzt. Das Fleisch wird mit der Marinade eine halbe Stunde lang in den Kühlschrank gestellt. Inzwischen werden die Bambussprosse gekocht, geschält und in Streifen geschnitten, desgleichen die Chilischoten, aus denen man, wenn man das Gericht nicht so scharf haben möchte, die Kerne entfernen muß.

In einer Friteuse wird Öl erhitzt und darin das marinierte Hühnerfleisch ganz kurz fritiert, gerade so, daß es weiß wird. In einer Bratpfanne werden in Öl und einer Prise Salz die Bambussprosse eine Minute lang angebraten, herausgenommen und auf einem Teller beiseite gestellt. In dieselbe Pfanne kommen nun mit einem Eßlöffel Pflanzenöl die Pfefferkörner, das Hühnerfleisch und die Chilischoten. Nach zwei Minuten Braten werden die Bambussprosse wieder dazugegeben und der Reiswein angegossen. Das Ganze wird mit Salz und Zucker gewürzt und sehr heiß serviert.

Verzeichnisse

Bambus in botanischen Gärten und Parks der Bundesrepublik

Keine noch so schöne Fotografie kann auch nur annähernd den Reiz einer Bambuspflanze wiedergeben. Die Schönheit eines Bambus besteht ja nicht nur aus der Form und Farbe der Halme, der Haltung der Blätter, der Harmonie der ganzen Pflanze. Bambus wird eigentlich erst durch das Spiel von Licht und Schatten, durch die ständig in Bewegung befindlichen Blätter so ungemein faszinierend, und natürlich durch die Umgebung, in der er steht. Man muß nicht unbedingt nach Asien oder Südamerika reisen, um Bambus zu sehen – in deutschen botanischen Gärten findet man ihn auch, und zwar von Jahr zu Jahr mehr und vielseitiger. Wo vor zehn Jahren vielleicht nur wenige Exemplare zu sehen waren, findet man heute Dutzende verschiedener Gattungen und Arten. Wer die Möglichkeit hat, und wer sich für Bambus interessiert, sollte sich einen »Bambusspaziergang« in einem nahe gelegenen botanischen Garten nicht entgehen lassen. Der Anblick eines gut entwickelten Bambus kann auch hilfreich sein, wenn man sich mit dem Gedanken trägt, Bambus in den eigenen Garten zu integrieren. Der Leser findet deshalb an dieser Stelle eine Liste botanischer Gärten, in denen Bambus zu sehen ist. Daß diese Liste nicht vollständig sein kann, hat seine Gründe: Immer mehr botanische Gärten pflanzen Bambus in ihren Anlagen, sogar spezielle Bambusgärten werden angelegt. Der Versuch, die dort vertretenen Gattungen und Arten aufzulisten, mußte allerdings an den Schwierigkeiten der Benennung und Bestimmung scheitern. Es zeigte sich mehrfach, daß vor allem alte Bestände oft nicht zuverlässig bezeichnet sind und noch bestimmt werden müssen. Häufig wechselnde Zuordnungen von Gattungen und Arten sind meist der Grund. Der Leser dieses Buches sollte sich an Ort und Stelle über die vorhandenen Gattungen und Arten informieren.

Augsburg, Botanischer Garten

Einige Exemplare von *Fargesia*.

Badenweiler, Kurpark

Seit 45 Jahren steht hier *Phyllostachys bambusoides*. Seit fünf Jahren wurden Bestände von weiteren Phyllostachys-Arten gepflanzt. Alle Bambusse stehen im Freien.

Berlin-Dahlem, Botanischer Garten und Botanisches Museum

Im großen Tropenhaus steht seit 1965 ein 26 m hoher Bambus, *Dendrocalamus giganteus*. Im Gewächshaus sind weitere Bambusse zu finden. Im Freiland findet man *Sasa-Arten* und einen recht großen Bestand von *Fargesia nitida* und *F. murielae*.

Bonn, Botanischer Garten der Universität

Bambus gibt es im Gewächshaus, im Freiland in der Abteilung Gräser und in der geographischen Abteilung.

Bochum, Botanischer Garten der Ruhr-Universität

Hier plant man eine Neupflanzung, die eines Tages zu lichten Bambuswäldern, gemischt mit Bäumen und Stauden, heranwachsen soll. Im Augenblick ist zwar eine recht große Vielfalt von Bambuspflanzen vorhanden, aber es handelt sich in erster Linie um jüngere, also noch kleine Bestände, die alle im Freiland stehen.

Düsseldorf, Botanischer Garten der Universität

Die Bambusbestände hier sind, da der botanische Garten noch jung ist, gering. Allerdings findet man hier die seltene Gattung *Chusquea*.

Duisburg, Botanischer Garten

Im Freiland stehen einige winterharte Exemplare. Im Tropenhaus in Hamborn steht ein 13 m hoher tropischer Bambus.

Erlangen, Botanischer Garten der Universität

Im Tropenhaus und im Freiland ältere, schöne Bestände.

Essen, Gruga-Park

Im botanischen Teil des Gruga-Parks in Essen pflegt man Bambus schon seit Jahrzehnten und die Auswahl an schönen Bambus-Pflanzen ist besonders groß und sehenswert.

Frankfurt, Palmengarten

In der Schauhausgruppe Nord des Palmengartens findet man eine umfangreiche Sammlung tropischer Bambusse.

Freiburg, Botanischer Garten der Universität

Die Bambusbestände sind noch sehr jung.

Hamburg-Flottbeck, Neuer botanischer Garten

Bei der Anlage des neuen botanischen Gartens wurde ein Bambus-Garten eingerichtet, in dem man sehr viele stattliche Bambuspflanzen – große und niedrige Arten – in sehr gefälliger gärtnerischer Gestaltung bewundern kann.

Hannover, Herrenhäuser Gärten

Mehrere Gattungen und Arten im Berggarten der Herrenhäuser Gärten.

Karlsruhe, Botanischer Garten der Universität

Seit etwa 20 Jahren werden in diesem botanischen Garten im Gewächshaus und im Freiland Bambusse kultiviert.

Köln, Botanischer Garten

Einige Gattungen und Arten im Freiland sowie im Schauhaus.

Ludwigsburg, Blühendes Barock

Seit 15 Jahren steht hier eine große Fläche mit *Fargesia murielae*.

Insel Mainau, Bodensee

Mit die ältesten Bambusbestände Deutschlands findet man auf der Insel Mainau. Die sehr stattlichen Exemplare stehen in den weitläufigen Anlagen an mehreren Stellen und sind in die Gesamtgestaltung des Gartens der Insel Mainau integriert.

Marburg, Botanischer Garten der Universität

In einigen Exemplaren sind hier mehrere Arten vertreten.

Stuttgart, Wilhelma

Unter Glas, im Krokodilhaus, und im Freiland sind mehrere Gattungen und Arten vertreten.

Saarbrücken, Botanischer Garten der Universität

und Deutsch-französischer Garten, Saarbrücken. Bestände im Freiland und unter Glas.

Tübingen, Botanischer Garten der Universität

Im Freiland stehen hier *Pseudosasa japonica*, *Fargesia murielae* und *F. nitida*, *Sasa veitchii* und *Phyllostachys*. Im Tropicarium wird seit Bestehen des Gartens ein Bambus kultiviert.

Oldenburg, Botanischer Garten der Universität

Man plant hier den Aufbau eines speziellen Bambus-Sortiments, vor allem solcher Arten, die im neu erstellten Kalthaus kultiviert werden können. Bisher sind im Freiland einige Bambusse zu sehen.

Würzburg, Botanischer Garten der Universität

Im Regenwaldhaus steht ein 9 m hohes Exemplar. Im Freiland einige Arten.

München, Botanischer Garten in Nymphenburg

Eine große Sammlung ist im Freiland zu finden.

Europäische Bambusgesellschaft

Die steigende Zahl der Bambus-Freunde führte vor kurzem in Frankreich zur Gründung einer Bambusgesellschaft, der European Bamboo Society, EBS. Mitgliedsländer sind die Bundesrepublik Deutschland, Frankreich, Großbritannien, Italien, Schweiz.

Ziel der EBS ist es, mehr Kenntnisse über Bambus zu verbreiten. Außerdem hat sich die EBS die Erhaltung seltener und gefährdeter Bambus-Arten und -Sorten zur Aufgabe gemacht. Informationen sind unter den folgenden Anschriften zu erhalten:

Bundesrepublik Deutschland:
Wolfgang F. Eberts, Saarstraße 3,
D-7570 Baden-Baden

Frankreich:
European Bamboo Society Headquartes,
Bambouseraie de Prafrance F-3104 Anduze/Gard

Großbritannien:
Michael Hirsch, 14, East Lane GB Morton Bourne, South Lincolnshire PE 100 NW

Italien:
Bruno Visentini, Corso Racconigi 173,
I-10141 Torino

Schweiz:
Toni Grieb, CH-1588 Montet

Bezugsquellen

In den letzten Jahren haben Staudengärtnereien und Baumschulen zunehmend Bambus in ihr Sortiment aufgenommen. Es ist nicht möglich, hier alle Firmen zu nennen, die Bambus führen. Einige Gärtnereien haben sich jedoch spezialisiert. Auf diese sei hier hingewiesen.

Bundesrepublik Deutschland:
Baumschule Wolfgang F. Eberts, Saarstraße 3,
D-7570 Baden-Baden
Sortiments- und Versuchsgärtnerei Hans und Helga Simon, D-8772 Marktheidenfeld, Staudenweg
Baumschulen Gertrud Willumeit, Nußbaumallee 69, D-6100 Darmstadt

Frankreich:
Bambouseraie de Prafrance, F-3140 Anduze/Gard

Großbritannien:
Drysdale Nurseries, Chingford (London)

Italien:
Firma Baldacchi, Pistoia

Schweiz:
Firma Vatter, CH-3098 Köniz bei Bern

Literatur

AUSTIN, R. und K. UEDA: Bamboo. Verlag Weather-
hill, New York o. J.

BEUCHERT, Marianne: Die Gärten Chinas. Verlag
Eugen Diederichs, Frankfurt 1983.

BUT, Paul Pui-Hay, Liang-chi CHIA, Hok-lam FUNG
und Shiu-Ying HU: Hong Kong Bamboos. The
Urban Council Hong Kong 1985.

CROUZET, Yves: Les Bambous. Selbstverlag Yves
Crouzet, Prafrance 1984.

DUNKELBERG, Klaus: Bambus als Baustoff. Kolde-
wey-Gesellschaft 1980.

FARRELLY, D.: The Book of Bamboo. Sierra Club
Books, San Francisco 1984.

KENNETH, Lo: Das große Buch der chinesischen
Kochkunst. Econ-Verlag, 1980.

KONISHO, Kiyoko: Japanisch kochen hält fit und gesund. Kikkoman, Düsseldorf 1985.

KUHKAUPT, Dieter: Gärten Japans. Verlag Du
Mont, Köln 1985.

LAWSON, A. H.: Bamboos, A Gardener's Guide to
their Cultivation in Temperate Climates. Taplin-
ger Publishing, New York 1968.

McCLURE, F. A. The Bamboos. A fresh perspective.
Harvard Univ. Cambridge Mass. 1966.

SUZUKI, S.: Index to Japanese Bambusaceae Gakken
Co., Ltd. Tokyo, Japan.

TAKAMA, Shinji: Die wunderbare Welt des Bambus.
Verlag Du Mont, Köln, 1983.

ULENBROK, Jan: Haiku. Japanische Gedichte.
Wilhelm Heyne Verlag, München 1985.

YOUNG, Robert: Bamboo in the United States.
USDA-publication 1961.

Bambuszeitschriften

Bambusblätter, Herausgeber Werner Simon,
D-8772 Marktheidenfeld, Staudenweg.
Newsletters und Jahrbuch der American Bamboo
Society, 1101 San Leon Ct. Solana Beach, Ca 92075,
USA.
The Bamboos of the World, Fortsetzungswerk. Ver-
lag Ohrnberger, Schwetzinger Str. 98,
D-6800 Mannheim 1.

Bildquellenverzeichnis

Alle Fotos, mit Ausnahme der nachfolgend auf-
geführten, stammen von Max Felix Wetterwald, Of-
fenburg.

Andreas Bärtels, Waake: Vorsatzblatt, Seite 10, 17,
19, 20 links, 28 rechts, 29, 39, 50, 95
Institut für Auslandsbeziehungen, Stuttgart: Seite
2, 11, 12, 15, 20 rechts, 21
Privatbesitz: Seite 13

Die Zeichnungen fertigte Helmuth Flubacher, Fell-
bach. Die Rhizomdarstellungen entstanden teilweise in Anlehnung an D. Farelly und F. A.
McClure.

Verbreitungskarte Seite 26 mit freundlicher Geneh-
migung von Josef Goerings und Dieter Ohrnberger
Einbandzeichnung von Brigitte Förster nach einem
Foto von Max Felix Wetterwald.

Sachregister

Verzeichnis der Gattungen, Arten und Sorten

(Sternchen* verweisen auf Abbildungen)

ZUR WEITEREN LEKTÜRE EMPFOHLEN:

Japanische Gärten und Gartenteile. Von → **Kiyoshi Seike,** → **Masanobo Kudo,** Japan, und → **Walter Schmidt,** Hamburg. 96 Seiten mit 141 Farbfotos und zahlreichen Zeichnungen. Fest gebunden mit Schutzumschlag → **DM 68,-.** In diesem Buch werden die japanischen Gestaltungsprinzipien und die daraus abgeleiteten Elemente der traditionellen Gartenarchitektur vorgestellt und erläutert, um dem Leser zu zeigen, wie der eigene Garten einen Hauch fernöstlichen Zaubers zu erlangen vermag.

Kostbarkeiten aus ostasiatischen Gärten. Von → **Andreas Bärtels,** Göttingen. 184 Seiten mit 77 Farb- und 4 SW-Fotos sowie 62 Zeichnungen. Leinen mit Schutzumschlag → **DM 88,-.** Der Autor vermittelt eine Vorstellung davon, wo Gehölze wie Baumpäonien und Hibiskus, Gingko und Bambus, in ihrer Heimat vorkommen und wie sie in den Gärten Ostasiens verwendet werden. Auch Möglichkeiten einer standortgerechten Verwendung in unseren heimischen Gärten werden gezeigt.

Palmen. Botanik, Kultur, Nutzung. Von → **Wilhelm Lötschert,** †, ehemals Botanisches Institut der Universität Frankfurt. 152 Seiten mit 80 Farb- und 18 SW-Fotos sowie 30 Zeichnungen. Leinen mit Schutzumschlag → **DM 78,-.** Palmen zählen zu den auffallendsten Pflanzen der Tropen und gelten als Symbol tropischer Vegetation. Ihr natürliches Vorkommen und ihre Wachstumsbedingungen sowie ihre Kultur in unseren Wohnräumen sind in diesem Buch beschrieben.

Die Kunst des japanischen Bonsai. Formen und Pflegen von Zwergbäumen. Von → **Walter Schmidt,** Hamburg. 3. Auflage. 176 Seiten mit 40 Farbfotos, 13 SW-Fotos und 140 Zeichnungen. Leinen mit Schutzumschlag → **DM 88,-.** Der Autor gibt Anleitungen zur Behandlung und Pflege von Bonsai; er führt den Leser zudem auch in das Verständnis des Bonsai und seiner Tradition ein.

Das praktische Bonsai-Buch. Von → **Wolfgang Kawollek,** Kassel. 319 Seiten mit 72 Farbfotos, 60 SW-Fotos und 196 Zeichnungen. Fest gebunden → **DM 58,-.** In diesem betont handwerklichen Buch beschreibt der Autor alle Methoden der Vermehrung und Bonsai-Erziehung anhand zahlreicher Zeichnungen. Er gibt spezielle Kultur- und Gestaltungsempfehlungen für 56, größtenteils einheimische, Baumarten.

Dachgärten. Grüne Inseln in der Stadt. Von → **Roland Stifter,** Wien; mit einem Vorwort von → **Friedensreich Hundertwasser.** Etwa 190 Seiten mit 100 Farbfotos und 60 Zeichnungen. Leinen mit Schutzumschlag → **ca. DM 78,-.** Vor dem Hintergrund der Wiener Dachgartenlandschaft berichtet der Autor über die vielfältigen Möglichkeiten, Dachgärten anzulegen und zu gestalten, darüber hinaus behandelt er alle technischen Einzelheiten zur Planung und Anlage eines Dachgartens.

Prospekte kostenlos

Erhältlich in Ihrer Buch(Fach)handlung oder beim Verlag Eugen Ulmer Postfach 70 05 61, 7000 Stuttgart 70

E.U.

VERLAG EUGEN ULMER